PRE-TEXTOS

RACHEL BESPALOFF

PRE-TEXTOS 18

Da Ilíada
De l'Iliade
Rachel Bespaloff

© Editora Âyiné, 2022
© Editions Allia, Paris, 2004
A primeira edição de *De l'Iliade* foi publicada
em Nova York em 1943 pela Brentano's
Todos os direitos reservados

Tradução: Giovani T. Kurz
Preparação: Prisca Agustoni
Revisão: Fernanda Morse, Leandro Dorval Cardoso
Imagem de capa: Diambra Mariani
(*Horse*. Espanha, 2016. Série «La Raya»)
Projeto gráfico: Luísa Rabello
Produção gráfica: Clarice G Lacerda

ISBN 978-65-5998-038-3

Âyiné

Direção editorial: Pedro Fonseca
Coordenação editorial: Luísa Rabello
Coordenação de comunicação: Clara Dias
Assistente de comunicação: Ana Carolina Romero
Assistente de design: Lila Bittencourt
Conselho editorial: Simone Cristoforetti,
Zuane Fabbris, Lucas Mendes

Praça Carlos Chagas, 49 — 2º andar
30170-140 Belo Horizonte, MG
+55 31 3291-4164
www.ayine.com.br
info@ayine.com.br

RACHEL BESPALOFF

Da Ilíada

Tradução
Giovani T. Kurz

Âyiné

SUMÁRIO

I. Heitor	9
II. Tétis e Aquiles	23
III. Helena	29
IV. A comédia dos deuses	41
V. De Troia a Moscou	51
VI. A ceia de Príamo e Aquiles	65
Fonte antiga e fonte bíblica	77
NOTA BIBLIOGRÁFICA	101
Monique Jutrin	

I. HEITOR

Heitor sofreu tudo e perdeu tudo, à exceção de si. No bando tão medíocre dos filhos de Príamo, só ele é príncipe, criado para reinar. Nem super-homem, nem semideus, nem semelhante aos deuses, mas homem e príncipe em meio aos homens. Confortável nessa nobreza sem penduricalhos que não sofre nem de orgulho em relação ao respeito próprio, nem de humildade em relação ao respeito aos deuses. Tem tanto a perder estando satisfeito e sempre acima daquilo que o satisfaz pelo seu fervor em desafiar o destino. Protegido de Apolo, protetor de Ílion, defensor de uma cidade, de uma mulher, de uma criança. Heitor é o guardião das alegrias perecíveis. A paixão da glória o exalta sem cegá-lo, sustenta-o quando a esperança o abandona. «Pois isto eu bem sei no espírito e no coração: virá o dia em que será destruída a sacra Ílion...»[1] Mas ele aprendeu «a ser sempre corajoso»: «combater entre as primeiras filas dos Troianos», tal é seu privilégio de príncipe. Ainda que tão terna ela implore, Andrômaca não consegue fazê-lo renunciar à renúncia. E, seguro, ele é apenas insensível a seu pranto. É por Andrômaca, mais do que por seu povo, seu pai, seus irmãos, que o desconsolo do amanhã o assombra. A única imagem do destino brutal que a espera faz com que ela anseie a morte: «Mas que a terra amontoada em cima do meu cadáver me esconda, antes que ouça os teus gritos quando te arrastarem para o cativeiro». À beira da guerra, Heitor encerra em um último olhar os verdadeiros bens da vida, repentinamente expostos em sua nudez de alvos. A angústia do adeus não abrandará a decisão tomada. «Pois a guerra é aos homens todos que compete», Heitor entre os primeiros dos nascidos em Ílion.

A Aquiles nada custa, mas tudo custa a Heitor. E, no entanto, não é Heitor, mas Aquiles, sempre tomado pelo ressentimento, apesar de seus triunfos, que não alcança a «saciedade do pranto». O homem

[1] Rachel Bespaloff não indica as referências das traduções utilizadas neste ensaio. Aqui, em português, recorreu-se à tradução de Frederico Lourenço da *Ilíada*, assim como à sua versão da Bíblia em que constam alguns dos trechos citados pela autora. [N. T.]

ressentido, na *Ilíada*, não é o fraco, mas o herói que soube tudo domar à sua força. Em Heitor, a vontade de grandeza nunca rivaliza com a vontade de felicidade. Valerá defender este pouco de felicidade verdadeira, que importa acima de tudo, pois coincide com a verdade da vida, até o sacrifício da própria vida, à qual terá dado sua medida, sua forma e seu preço. Mesmo derrotada, a coragem de Heitor não esmorece diante do heroísmo de Aquiles, nutrido pelo descontentamento e pela inquietude enervada. Mas a aptidão para a felicidade, que recompensa os esforços das civilizações férteis, reprime o ímpeto do defensor tornando-o mais sensível à enormidade do sacrifício exigido pelos deuses da guerra. Supõe-se manso o apetite de felicidade com que o predador mais bruto acossa sua presa e põe-lhe «grande força no coração para guerrear e combater».

Morrer, para Heitor, é entregar tudo o que ama ao tormento, é desertar, é negar o que acontece: essa «glória», objeto de um canto futuro que ressuscitará Ílion nos séculos que virão. Diante das muralhas onde está prestes a encontrar Aquiles, sacudido pelos pressentimentos de derrota, pelas súplicas de Príamo e de Hécuba, Heitor tem uma hesitação absoluta. Por que não preservar «a paz na dignidade» (segundo a fórmula célebre) prometendo a Aquiles o retorno de Helena, a partilha de todas as riquezas de Troia? Rapidamente, ele se recupera: não é Aquiles que decide a guerra, mas a guerra que o decide. Tal como um ciclone, ele não pode ser abrandado por promessas, apaziguado pela razão, impelido aos sentimentos humanos. «Melhor seria o embate belicoso e o mais rápido possível.» Quiçá pela primeira vez, Heitor se vê entregue à sua única fraqueza. Mas assim que vê seu adversário inquieto, não é mais dono de seu terror. Ele, o intrépido, que tantas vezes fez, do seu, o lado vitorioso, enfrentou Ajax e o mais bravo dos Aqueus; ele parte em fuga. Homero o quis homem completo, e não o poupou nem do tremor do medo, nem da humilhação da covardia. «À frente fugia um homem valente, mas outro muito melhor o perseguia depressa.» Nessa fuga, mesmo que tão breve, eterniza-se um pesadelo. «Tal como quando num sonho quem persegue não alcança quem foge, mas nem um consegue fugir, nem o outro consegue perseguir — assim nem com os pés Aquiles alcançava Heitor, nem este escapava.» Homero, aqui, alcança, pela história, as fundações do horror no universo, que não conhece desfecho ou redenção. Não é ao redor das muralhas de Troia, mas nos limites do Cosmos que a perseguição do predador e a fuga da presa se prolongam indefinidamente. «E todos os deuses estavam olhando.» Em um esforço que se poderia chamar de sobre-humano, não fossem a estatura e o porte do humano, Heitor enfim volta ao governo de si e afronta o inimigo. «De ti, ó filho de Peleu, já não fugirei... quer eu mate, quer seja morto.» Aquele de quem ele foge, aquele que ele enfrenta, não é o «portentoso Aquiles», mas seu próprio destino — a hora precisa em que será atirado como uma refeição ao Hades. Ao menos não perecerá sem luta nem glória. Padecendo, implora uma última vez a Aquiles que não deixe seu corpo aos cães. Uma última vez, o vitorioso, insano em crueldade, obstina-se na recusa. Aquiles, neste instante, tem consciência de não ser mais homem e o admite: «Heitor, não me fales, ó louco!, de acordos. Tal como entre leões e homens não há fiéis juramentos... assim entre ti e mim não há amor.» No desalinho da agonia, Heitor percebe enfim seu erro, e se entrega tanto à verdade quanto à morte: «Na verdade te conheço bem e direi o que será; mas convencer-te era algo que não estava para ser. O coração no teu peito é de ferro.»

Deus ausente, é o destino que se torna o órgão da retribuição. Heitor paga pela morte de Pátroclo (que ele alcançou com um golpe de lança, de forma pouco gloriosa), como Aquiles, mais tarde, pagará pela morte de Heitor. «Igualitário é o deus da guerra; e mata quem quer matar.» Na exaltação da carnificina, o próprio Heitor abandona o código de honra. O insulto, a derrubada do inimigo à terra, não o enoja mais do que a seu rival. Ambos, levando a vingança até a inclemência, almejam profanar o corpo da vítima para matar inclusive sua alma. Há um rigoroso paralelismo entre essas duas cenas de insulto aos vencidos. Pátroclo anuncia a Heitor «a morte e o fado irresistível», assim como Heitor prediz a Aquiles que «te matarão, valente embora sejas, às Portas Esqueias». A guerra consome as diferenças até a completa humilhação do único: seja seu nome Aquiles ou Heitor, o vencedor se parece com todos os vencedores; o vencido, com todos os vencidos. Homero não nos poupa deste espetáculo. E, no entanto, a competição guerreira, geradora da energia individual e das virtudes viris da coletividade, permanece, a seus olhos, princípio e potência da ação criadora. É por ela que o gosto pela glória se apodera dos indivíduos e dos povos e transforma-se em amor pela imortalidade. Não menos importante é o fato de que, em toda a *Ilíada*, a imagem do destino está estreitamente associada àquela do castigo. Para além de qualquer sanção de ordem moral, de qualquer imperativo de origem divina, a vingança da Nêmesis antiga expõe retrospectivamente como culpado o ato que não pertencia à categoria do pecado. No instante em que o Pai dos deuses se serve de sua balança de ouro para examinar a decisão do destino, o Matador pode cumprir sua missão sagrada: está sob a proteção dos Imortais. Contudo, assim que cumpriu seu fim, dono ainda de sua força incólume, ele volta a ser uma criatura vulnerável.

A força se conhece e se beneficia de si mesma apenas no abuso em que abusa de si mesma, no excesso em que se consome. Este salto soberano, esta fulguração mortífera em que o cálculo, o acaso e o poder se unem para desafiar a condição humana — em uma palavra, a beleza da força, não há (à exceção da Bíblia, que a canta e a louva em Deus apenas) quem a torne mais palpável do que Homero. Não é para idealizar ou estilizar suas personagens que ele celebra a beleza de seus guerreiros: Aquiles é belo, Heitor é belo, pois a força é bela, e somente a beleza da onipotência, que se torna a onipotência da beleza, consegue do homem esse consentimento total ao seu próprio aniquilamento, ao seu próprio extermínio, essa prostração absoluta que o entrega à força, no ato de adoração. Assim a força aparece na *Ilíada*, ora como a realidade suprema, ora como a ilusão suprema da existência. Homero, afinal, diviniza a profusão de vida que irrompe no desdém da morte, o êxtase do sacrifício — e denuncia a fatalidade que a transforma em inércia: este impulso cego que a leva ao fim de seu desenvolvimento, à sua própria anulação e à dos valores que ela engendra. Para mostrar o entorpecimento que a ilusão de onipotência produz naquele que ela cega, ele não elege Aquiles ou Ajax, mas o príncipe da sabedoria. Ébrio com uma vitória passageira, Heitor, de repente, perde o poder de reflexão, o dom da moderação e a noção do obstáculo. Ele rejeita com veemência os conselhos prudentes de Polidamante, a quem ele ameaça de morte acusando-o de ter convicções derrotistas. E, sem dúvidas, Polidamante não se engana ao acusar Heitor de não sofrer qualquer contradição na deliberação ou na guerra: «pois deve sempre aumentar o teu poder». Além disso, jamais o herói (nem mesmo Aquiles) se mantém acima da condição humana: nada há em Heitor — coragem, nobreza, sabedoria — que não seja vergado e maculado pela guerra, exceto talvez esse respeito por si mesmo que o faz homem, que lhe permite se recompor diante do inelutável e lhe dá maior lucidez no momento da morte.

Heitor, portanto, perdeu tudo, exceto essa glória, «para que os vindouros de mim ouçam falar». E essa glória, para o guerreiro de Homero, não é uma ilusão lisonjeira, mas o equivalente daquilo que a redenção representa para o cristão: uma certeza da imortalidade, para além da história, na desobrigação suprema da poesia. Aquiles acossa a carcaça de Heitor. Todos os dias, ao amanhecer, ele se dedica metodicamente a exercícios de represália, arrasta por três vezes o corpo de seu malfadado adversário em torno do túmulo de Pátroclo e abandona-o ali, largado ao pó. Seu ressentimento insaciável recai tanto sobre o assassino de Pátroclo como sobre o derrotado fora do alcance que o lembra da inutilidade de sua vitória e da proximidade da morte. Mas, se os deuses tomaram tudo de Heitor, não podem nem querem tirar-lhe a beleza que sobrevive à força vencida. Estendido com o rosto ao chão, permanece belo — «Apolo afastava da carne todo o aviltamento... não se afadigavam os cães, pois afastava-os a filha de Zeus, Afrodite, de dia e de noite» — e é em sua beleza inviolada de jovem guerreiro morto que será entregue a Príamo.

Quando este, antes de abordar Aquiles, interroga ansiosamente seu guia, Hermes o amansa: «Tu próprio te maravilharias se ali fosses e visses a frescura em que está deitado, limpo de sangue, sem imundície alguma. Todas as feridas estão fechadas... Deste modo os deuses bem-aventurados cuidam do teu filho, embora esteja morto, visto que o amaram no coração.»

Não é, portanto, a cólera de Aquiles, mas o duelo entre Aquiles e Heitor, o confronto trágico entre o herói da vingança e o herói da resistência, que, em verdade, constitui o motivo central da *Ilíada* e comanda sua unidade e progressão. Apesar dos deuses e da necessidade, há bastante liberdade nascente para que o espetáculo não pareça planejado de antemão nem aos nossos olhos, nem aos de Zeus, o contemplador divino. Segundo o ritmo dos combates, o fervor dos invasores e a valentia dos sitiados se equilibram, de modo a recriar, sem fim, em cada um dos adversários, a incerteza do porvir. Mas Aqueus e Troianos não deixam de medir, com uma lucidez indistinta, suas respectivas chances «nesta série indefinida de duelos que constitui a Guerra de Troia». Independentemente do que lhes aconteça, os régulos piratas não perdem jamais a fé em sua invencibilidade: mesmo à beira de uma vitória, aos príncipes de Ílion não escapa um pressentimento de fracasso. Quando Heitor ousa enfrentar Aquiles sem o desespero de vencê-lo, é vencendo-se a si mesmo que já usou o melhor de suas forças. A missão de Aquiles é renovar, nas devastações, as fontes e os recursos da energia vital; a de Heitor é salvar, pela entrega de si, a carga sagrada cuja preservação assegura ao porvir uma continuidade profunda. Mas é apenas no instante do combate decisivo que assumem seus verdadeiros significados o amadurecimento da coragem até a restauração suprema, em Heitor, e a ascensão da cólera, em Aquiles, até o êxtase mortífero. Sob esta luz, os destinos de Aquiles e de Heitor se revelam solidários na luta, na morte e na imortalidade. Onde a história exibe apenas muralhas e fronteiras, a poesia descobre, para além dos conflitos, a predestinação misteriosa que faz dignos, uns dos outros, os adversários convocados a um encontro inexorável. Também Homero só exige reparação à poesia, que furta da beleza reconquistada o segredo de justiça proibido à história. Solitária, ela devolve ao mundo opaco a soberba ofuscada pelo orgulho dos vencedores, o silêncio dos vencidos. Que outros acusem Zeus, surpreende que ele consinta «a dispor indistintos os maus e os bons, aqueles cujas almas se voltam para a justiça e aqueles que, servos da iniquidade, entregam-se à violência».[2]

---

[2] Aproxime este texto de Teógnis das palavras de Habacuc: «Um olho puro não é para ver iniquidades; e não conseguirás olhar para sofrimentos. Por que olhas para os que desprezam? Ficarás em silêncio enquanto o ímpio engolirá o justo?»

Homero não se aturde nem se agasta, e não espera qualquer resposta. Onde, na *Ilíada*, estão os bons? Onde os maus? Veem-se apenas homens atormentados — guerreiros em combate que triunfam ou sucumbem. As demandas por justiça nada mais são do que um murmúrio de lágrimas e de queixas aos joelhos de mármore da necessidade. A paixão pela justiça é expressa apenas por este luto da justiça e pela admissão do silêncio. Condenar ou absolver a força seria condenar ou absolver a própria vida. E a vida, na *Ilíada* (como na Bíblia e em *Guerra e Paz*) é essencialmente aquilo que não se deixa apreciar, medir, condenar ou justificar pelo vivo. Ela se julga apenas pela consciência decorrente de sua própria indizibilidade. Esta aceitação sem retraimento interior, consubstancial à existência, permanece muito distante das marchas estóicas.

Filha da amargura, a filosofia da *Ilíada* elimina o ressentimento. Ela precede o divórcio entre a natureza e a existência. Aqui, o Todo não é um conjunto de peças quebradas e, então, mais ou menos encaixadas pela razão, mas o princípio ativo da interpenetração de todos os elementos que o compõem. O desdobramento do inevitável tem como palco, simultaneamente, o coração do homem e o Cosmos. À cegueira eterna da história se opõe a lucidez criadora do poeta, que designa às gerações futuras heróis mais divinos que os deuses, mais homens que os humanos.

II. TÉTIS E AQUILES

Houve já alguém mais perspicaz na ternura, mais delicadamente preciso do que Homero ao nos descrever o afeto recíproco de Tétis e Aquiles? Este colérico, convulso, sempre ébrio na ação ou no tédio, tem, por mãe, uma deusa, uma Nereida de pés velozes, cuja graça a envolve em calma. Na gruta submarina onde ela se mantém com seu velho pai, Tétis continua a zelar por seu filho. «Das profundezas do mar» ou dos píncaros do Olimpo, ela se lança em sua direção para exortá-lo, apaziguá-lo. O amor ansioso que a instrui sobre a aflição humana faz com que despreze sua condição imortal. Ao lado do terreno Aquiles — semideus pela força, semifera pela violência —, Tétis se torna ela própria terrena para melhor sofrer e pressentir a morte.

Que adorável ela é quando, ao chamado de Zeus, envolve-se em seu véu azul-escuro («de cor mais preta outra vestimenta não havia») e fende a onda espessa. Os deuses amam Tétis e a acolhem com ternura. Atena cede a ela seu lugar ao lado de Zeus-Pai. Hefesto se aligeira para satisfazer seus votos. Mas ela escapa aos Olímpicos. Ainda chorando o filho condenado, «vem continuamente para junto de Aquiles, de dia e de noite», ela se aflige com a imprudência dos deuses que violaram «sua dor inapaziguável» e rejeita misturar-se a eles. Ela não se esquece de que Zeus a humilhara, uma deusa, ao entregá-la a Peleu, cuja amarga velhice constrange sua juventude imortal. Ela é ainda muito menos esposa de Peleu do que filha do mar e mãe de Aquiles. Nesse amor, que uma dupla amargura protege das lentas corrupções, realiza-se sua natureza humana e divina. E esse duplo liame que a enlaça ora aos elementos cósmicos, ora às paixões humanas, faz com que a toquem tanto a existência como a fábula.

Ela guarda o frescor de uma mãe tão jovem arqueada sobre a criança que a isola do mundo. Como conhece seu filho essa Nereida escondida em seu palácio de ondas, que lucidez dá a seu amor a obsessão pelo infortúnio que lhe roubará Aquiles. Mas, mesmo temendo por sua vida, ela não se empenha em convencê-lo a abrandar sua sentença quando ele decide punir os Troianos. «Não me impeças de combater, por mais que me ames: não me convencerás.» E Tétis tem a cautela de não se derramar em lamentações inúteis. Ela se contenta em tirar Aquiles da ruminação de seu ressentimento propondo a seu gesto um fim mais nobre que a vingança: «é verdade que não fica mal afastar a morte escarpada dos companheiros acabrunhados». Em lugar de recriminar, ela o auxilia, defende sua causa diante de Zeus. Ela lhe pede apenas para que espere pelas armas novas que, a seu pedido, Hefesto forjará. É também a Tétis que Zeus apelará para colocar juízo naquele furioso e fazer com que ele devolva a Príamo o corpo de Heitor. É com ternura que ela então consola seu filho: «sentou-se muito perto dele a excelsa mãe e acariciando-o com a mão assim lhe chamou pelo nome». Aquiles se inclina diante da ordem dos deuses que lhe é transmitida pela mãe, o indomável é domado: na obediência ele encontra, por um instante, a serenidade que lhe foge.

Assim como é convencional o respeito de Heitor por sua «digna mãe», a enfadonha e solene Hécuba, é também verdadeiro, espontâneo e fervoroso o apego filial de Aquiles a Tétis. Heitor tem Andrômaca. Aquiles, por sua vez, tem apenas belas cativas que se lamentam docilmente sob sua ordem e lhe respondem com soluços «por causa de

Pátroclo, mas cada uma chorava suas tristezas». O pesado Atrida que arrebatou Briseida, «seu prêmio», feriu-lhe o amor-próprio mais do que o amor. À exceção de Pátroclo, o único ser a quem Aquiles pode se afeiçoar é Tétis, esta jovem mãe imortal de belas tranças. É apenas ao lado dela que Aquiles se amansa, torna-se outra vez humano pela necessidade de proteção e consolo. A própria Tétis nunca é a mãe orgulhosa do herói triunfante, mas sempre a mãe torturada do filho que agoniza.[3] Sua presença reconduz Aquiles às mais justas proporções humanas, impedindo-o de se dissolver no mito. Toda pompa, toda ênfase desaparecem: do herói da força, ouvimos apenas o grito de frustração. Ela não soube manter invulnerável este filho criado «como árvore em fértil pomar». É assim que ele nos toca. Um destino mais cruel, talvez, que aquele de Heitor o prende ao infortúnio: condenado à injustiça, Aquiles não pode escolher impô-la ou suportá-la.

Por fim, não é em seus gestos, mas em seus modos de amar, na escolha do amor que Homero desvela a natureza profunda dos seres. Heitor

---

[3] Nada impede de desvelar a origem profunda do culto à Virgem nas imagens comoventes da maternidade virginal que Homero nos deixa.

esquece tudo naquilo que ama. Aquiles adora em Pátroclo apenas seu próprio reflexo purificado,[4] em Tétis — sua semelhante —, a origem sagrada de sua raça. É no cerne da guerra e do ódio, forte e puro, que floresce, sob ameaça, essa intimidade de dois seres: o amor de Andrômaca e Heitor, a amizade de Tétis e Aquiles. O algoz do jovem Licáon pode despir-se de toda a piedade, de toda a humanidade, e continuará filho de Tétis. É a ela que ele deve esse algo de alado na força, de inesperado na generosidade. Não há baixeza em Aquiles: essa força pura é forte o bastante para desprezar a mentira e desdenhar da sagacidade: ela mata, não desonra, nem se deixa desonrar, na satisfação. A natureza dupla de Aquiles, humana e divina, produz nele apenas embates e discordâncias. Equanto deus, ele inveja nos deuses sua onipotência e imortalidade; homem, ele inveja nas feras sua ferocidade e gostaria de dilacerar o corpo de sua vítima para devorá-lo cru. A embriaguez do consumo de si mesmo nas crises de agressividade orgiástica não comporta nem capacidade de sacrifício, nem senso de responsabilidade. Cercado por seus Mirmídones, antes líder de bando que rei, Aquiles se preocupa mediocremente

---

[4] Pátroclo é o único personagem da *Ilíada* que tem uma personalidade apagada.

com seu reino. Ele sabe que o destino pode «levá-lo ao termo da morte» por duas trilhas diferentes. Ele escolheu o caminho íngreme que termina à beira do abismo. Ele aceita não rever jamais sua pátria, seu pai, seu filho Neoptólemo, desde que tenha o prazer de dar uma coça nos Troianos, de vingar Pátroclo, de fazer tremerem de uma só vez aliados e inimigos. Não é então o heroísmo de Aquiles que nos fascina, mas seu desgosto, sua maravilhosa ingratidão. Aquiles é o lance da guerra, o júbilo em saquear as cidades ricas demais, a volúpia da cólera «que muito mais doce do que mel a escorrer aumenta como se fosse fumo nos peitos dos homens», o esplendor dos triunfos inúteis, das empreitadas insanas. Sem Aquiles, a humanidade teria paz. Sem Aquiles, a humanidade definharia, adormeceria congelada no tédio, antes do arrefecimento do planeta.

III. HELENA

Àquela que, em seu poema, encarna a fatalidade erótica, Homero deu a figura mais severa, a mais austera. Sempre envolta em seus longos véus brancos, Helena atravessa a *Ilíada* em penitência, com a majestade que lhe dá a perfeição de sua lástima, de sua beleza. O régio confinamento faz dela a menos livre das criaturas, menos livre até do que a escrava que, em seu peito, aguarda o fim da opressão. Helena anseia pela morte dos Imortais? Não são os homens, mas os deuses que planejam escravizá-la. Seu destino não depende do desfecho da guerra: que a vençam Páris ou Menelau, nada mudará para ela. Sua passividade surge como o avesso das paixões de que sua beleza a fez prisioneira. Helena deve curvar-se à ordem de Afrodite, não importando quão grande seja a repugnância que isso lhe cause. O prazer que a deusa lhe arranca apenas a preenche com uma humilhação mais cruel. Seu único recurso é dirigir contra si mesma uma cólera impotente para vingar-se dos deuses. Ela vive apenas, ao que parece, no horror de si. «Quem me dera ter morrido antes» é a queixa que mais frequentemente lhe chega aos lábios. Homero foi tão implacável com Helena quanto Tolstói foi com Anna. Elas fugiram na esperança de revogar o passado para construir um amor que fosse só amor. Acordam no exílio e não sentem nada além de um desgosto profundo por aquilo que parecia sonho, êxtase, o ápice da existência: a promessa de libertação que virou escravidão, o amor que não obedeceu mais ao amor, mas a alguma lei mais antiga e mais severa. Estão aqui em um reino onde a beleza e a morte, estranhamente próximas, criam uma necessidade comparável àquela da força, mais imperiosa ainda, pois oposta apenas ao simulacro de uma resistência. Helena, em seu palácio de Troia, Anna, na estação onde se jogará debaixo do trem, encontram-se diante de um sonho deteriorado e não se podem acusar de outra coisa senão de terem sido enganadas pela bruta Afrodite. Tudo o que elas esbanjam se volta contra elas, tudo o que toca sua beleza é carbonizado ou petrificado. Quando carrega sua heroína ao suicídio, Tolstói, para além do cristianismo, junta-se a Homero e aos trágicos. Aqui, a culpa é uma armadilha construída para o homem pela fatalidade, e não se distingue do infortúnio que suscita: sofre-se, paga-se, não se repara mais do que a própria vida. Nem Clitemnestra, nem Orestes, nem Édipo existem no exterior do crime que se confunde com seu próprio ser. Mais tarde, os filósofos, herdeiros de Ulisses, introduzirão, no âmbito da tragédia, o cavalo de Troia da dialética e farão do indivíduo o responsável por sua culpa. Em Homero, o castigo e a expiação, longe de corrigi-la, dissolvem essa responsabilidade na miséria humana e na culpa difusa do devir. A infração, no universo da falta, não tem a significação do pecado: o remorso e a graça ainda não apareceram. Não menos importante é o fato de que essa noção grega de culpa difusa representa, em Homero e nos trágicos, o equivalente exato da noção cristã do pecado original. Nutrida pela mesma realidade, carregada com o mesmo peso da experiência, ela contém a mesma previsão da existência. Trata-se, em verdade, de uma queda, porém uma queda sem data que não precede nenhum estado de inocência e não segue qualquer redenção — queda perpétua de um devir criador na morte e no absurdo. Nietzsche, ao proclamar a inocência do devir, afasta-se do antigo tanto quanto do cristianismo.[5] Onde Nietzsche quer justificar, Homero contempla e só deixa ressoar a queixa do herói. Se apenas os deuses perniciosos carregam a responsabilidade última da culpa, isso, de modo algum, significa que ela não existiu. Pelo contrário, não há página da *Ilíada* que não sublinhe sua irredutibilidade. Helena, nas muralhas de Troia, como Jó, em seu catre, para no limiar da ética com as justificativas e censuras que abrandam nossa impotência. Nela, pureza e culpa se confundem como no coração imenso da multidão guerreira dispersa pela planície a seus pés.

Então Helena, em Ílion, arrasta seu infortúnio com uma humildade sombria que não atenua sua revolta contra os deuses.[6] Mas, antes de Afrodite, não é a Astarte da Ásia que a atrai para a armadilha? Neste sentido, o destino de Helena prediz o da Grécia, que, da Guerra de Troia às conquistas de Alexandre, ora repele, ora amarga o imenso magnetismo do Oriente. O que ela lamenta, a Argiva, na alta morada de Páris, não é o loiro Aqueu da raça indomável dos bárbaros do Norte, o arrogante

---

5 Por mais paradoxal que possa parecer tal filiação, é a Rousseau e a certos românticos que se vincula a mística nietzschiana da inocência do devir.

6 E é talvez nessa humildade de realeza, em Helena, em Édipo, que o estilo antigo mais se distingue do estilo cristão.

Menelau, mas a pátria bruta e pura fora da qual não há nada senão o desterro, a cidade familiar, a criança que ela mimou.

Quanto a excede e a lacera a indolência do protegido de Afrodite: «Porém uma vez que os deuses decretaram tais males, quem me dera ter sido esposa de um homem mais digno, a quem atingisse a raiva e os muitos insultos dos homens». Nessa Troia hostil, onde o tédio se torna acídia, a exilada se apega apenas a Heitor, o menos oriental, o mais viril, o mais grego dos filhos de Príamo. Existe ternura nesse apego. Só Heitor defende a estrangeira contra os ódios que sua presença execrável suscita em todos. Não se lhe perdoa por representar a fatalidade que recai sobre a cidade. Inocente, Helena conhece o peso dessa reprovação e parece até se oferecer, ela, à punição justa por um crime que não cometeu. Ela só é grata pelo único ser que lhe exibe alguma compaixão sem perturbá-la com sua cobiça. Quando Heitor repreende Páris, Helena se preocupa com os perigos que ameaçam seu cunhado e só lhe oferece palavras doces: «Mas agora entra e senta-te nesta cadeira, ó cunhado, já que a ti sobretudo o sofrimento cercou o espírito, pela cadela que sou e pela loucura de Alexandre. Sobre nós fez Zeus abater um destino doloroso, para que no futuro sejamos tema de canto para homens ainda por nascer». Essas palavras enlaçam Heitor e Helena em uma cumplicidade fraterna, mais do que fraterna, até um porvir indeterminado. Com essa intuição infalível das relações verdadeiras entre os seres e esse traço de intimidade cujo segredo ninguém jamais descobriu, Homero revela, sem traí-la, a amizade profunda que, ao menos em Helena, é o envoltório protetor de um sentimento mais profundo.

O pranto da exilada será o último a ressoar sobre a carcaça de Heitor, banhando o fim da *Ilíada* na luz pura e desolada da compaixão. «Pois na verdade este é já o vigésimo ano desde que saí de lá e deixei a minha pátria. Mas de ti nunca ouvi uma palavra desagradável ou ofensiva... Por isso eu choro-te a ti e a mim, desafortunada, com coração pesado; pois já não tenho ninguém na ampla Troia que seja amável ou amigo, mas a todos causo repugnância.» E, no entanto, esse desconsolo não pertence a uma criatura humilhada à mercê de seus perseguidores, mas é a acídia de uma mortal à mercê dos deuses que só a abarrotaram de graças deslumbrantes para melhor frustrá-la com a alegria da qual ela parecia ser garantidora. Quem quer que seja o vencedor, Helena não precisa temer, como Andrômaca e as princesas troianas, as tarefas aviltantes «à frente de um amo severo». Depois de vinte anos de exílio, ela continua a ser a aposta da luta e a recompensa do melhor. Até as entranhas de sua miséria, Helena conserva a majestade que afasta o mundo e faz recuarem a velhice e a morte. A mais bela das mulheres, a quem tudo chamava, tudo carregava a um destino radiante, foi escolhida pelos deuses apenas para consumar sua própria desgraça e a de dois povos. Longe de ser uma promessa de felicidade, a beleza, aqui, devasta como uma maldição. Mas, ao mesmo tempo, ela isola, eleva, preserva os ultrajes. Daí sua sacralidade, no sentido originalmente ambíguo do termo — tanto estimulante e revitalizante como maléfica e atroz. Essa Helena por quem dois exércitos combatem não pertencerá mais a Páris do que a Menelau, não mais aos Troianos do que aos Aqueus. Ainda que se entregue, a beleza nunca é apenas ela mesma. Ela abandona igualmente aquele que a cria, que a contempla ou que a deseja. Homero lhe empresta a inexorabilidade da força e a aparência da fatalidade. Como a força, ela subjuga e destrói — desata e desencerra. Não é o acaso das vicissitudes de sua vida, mas uma necessidade mais profunda que faz de Helena tanto causa como aposta da guerra e que liga a aparição da beleza à irrupção da cólera. Em

meio aos guerreiros, acima deles, Helena é a calma
e a amargura que renascem no seio das batalhas e
banham igualmente, em suas sombras, vitórias e
derrotas, para além dos milhares de mortos. Pois, se
a força se desgasta e degrada-se na contingência do
devir — a flecha de Páris é suficiente para aniquilar,
em um só golpe, o poder de Aquiles —, a beleza, por
si só, consome todas as contingências, até aquelas
que presidem seu feito. As origens da filha de Leda
se perdem na fábula; seu fim, na lenda. A imortal
Aparência protege e mantém o mundo do Ser.

Homero se abstém de descrever a beleza, como
se houvesse ali algo de sacrilégio: uma antecipação
proibida da beatitude. Desconhecemos as nuances
dos olhos de Helena, a cor das tranças de Tétis, a
curva dos ombros de Andrômaca. Não há qualquer
particularidade, nenhuma singularidade nos é re-
velada, e no entanto vemos essas criaturas, nós
as reconheceríamos, não poderíamos confundi-
-las. Perguntamo-nos por quais meios intangíveis
Homero consegue, a essa altura, comunicar-nos o
sentimento da realidade plástica de seus personagens. Incorruptível, a beleza de Helena passa da vida
ao poema e da carne ao mármore sem perder sua
palpitação. Mas essa boca de estátua exprime uma
queixa humana, e, desses olhos vazios, transbordam

«lágrimas fartas». Quando Helena sobe nas muralhas de Troia para assistir ao combate de Páris e Menelau, pode-se sentir o vasto frescor de seus passos, antever a queda de seus véus. Perto das Portas Esqueias, os velhos chefes Troianos mantêm um conselho. A seus olhos, os «excelentes oradores» se calam, atordoados. Eles não conseguem deixar de achá-la bela. E essa beleza os assusta como um mau presságio, uma ameaça de morte. «Maravilhosamente se assemelha ela às deusas imortais. Mas apesar de ela ser quem é, que regresse nas naus.

Que aqui não fique como flagelo para nós e nossos filhos.» Aqui, excepcionalmente, o próprio poeta, pela boca de Príamo, levanta a voz para justificar, desculpar a beleza, proclamá-la inocente da desgraça dos homens: «no meu entender não tens culpa, mas têm-na os deuses, que lançaram contra mim a guerra cheia de lágrimas dos Aqueus». Os verdadeiros, os únicos culpados, são os deuses, que «vivem sem cuidados», enquanto os homens vivem no sofrimento. A maldição que transforma a beleza em fatalidade destrutiva não tem origem no coração humano. A culpa difusa do devir se reúne em um pecado ímpar, o único que Homero condena e estigmatiza explicitamente: a imprudência feliz dos Imortais.

E Príamo, em uma cena em que a serenidade estelar mantém um traço humano, implora a Helena que lhe indique os mais célebres guerreiros Aqueus que podem ser vistos no acampamento inimigo. No campo de batalha apaziguado, a poucos passos um do outro, os dois exércitos se encaram à espera do combate singular que deve decidir o desfecho da guerra. É, no ápice da *Ilíada*, uma das pausas de contemplação em que cessa o encantamento do devir, em que o mundo da ação, com todo o seu fervor, submerge na calma. A planície onde a multidão guerreira irrompia não é mais do que uma paisagem tranquila aos olhos de Helena e do velho rei.

Era sem dúvida isso que Nietzsche queria, observava — esse diálogo da Beleza e da Sabedoria, acima da vida, mas tão próximo dela. «Impelido, pressionado, constrangido, acossado pela tortura», chegou ao apogeu em que tudo a seu redor «torna-se estranho e solitário», teve essa visão de Helena (ou de Ariadne) inacessível e alta no céu azul.

Todavia, a impotente Helena contempla os homens que desejam combater por ela. Pois, no fim — contrariamente ao que afirmam nossos economistas —, os povos que disputam oportunidades, matérias-primas, terras férteis e seus tesouros, lutam, antes de tudo, por Helena. Homero não mentiu.

IV. A COMÉDIA DOS DEUSES

O cômico, mesmo o humor, não falta na *Ilíada*; são os Olímpicos que fornecem o material. A corte de Zeus desempenha o papel do mundo e do séquito de Alexandre em *Guerra e Paz*. Nos imortais, a absoluta futilidade dos seres que a fortuna subtrai aos desafios da condição comum alcança uma espécie de dignidade fastuosa e decorativa. Essa ausência de «seriedade» (e «seriedade» aqui não é de modo algum sinônimo de enfado) que, para Homero como para Tolstói, caracteriza o subumano, faz dos deuses da *Ilíada* e dos mundanos de *Guerra e Paz* perfeitos personagens de comédia. Eles são causa de tudo e responsáveis por nada — ao contrário dos heróis da epopeia, que, sendo causa de nada, são responsáveis por tudo —, e antes de tudo por eles mesmos. Onde a individualidade não se afirma sob aquilo que a esmaga, a responsabilidade não encontra esteio: ela se deteriora na irrupção de risos que sanciona o triunfo da incoerência. Desse modo, os deuses escapam, ao mesmo tempo, das categorias da inocência e do pecado. Agentes provocadores, propagandistas malandros, partidários entusiasmados, esses imbeles não detestam o miasma das matanças, o fragor das paixões trágicas. Condenados à segurança perpétua, morreriam de tédio sem as intrigas e a guerra. «Sois cruéis, ó deuses, e malévolos», grita-lhes Apolo, que não os aprecia.

Essa irreverência não fere, em Homero, o respeito pela piedade. O pacto que une a cidade a seus protetores divinos santifica a tradição em que se encarna o estilo da permanência. Apenas é inexpugnável, essencial ao coração do homem, a tradição que arranca, ao devir, o segredo da continuidade. Só, ela dá charme ao constrangimento e faz desse constrangimento um charme. Quando a estátua da divindade desmorona, o pedestal do sagrado permanece. Não há sacrilégio nas injúrias que os heróis da *Ilíada* dirigem ao «execrável Crônida» quando têm contestações. Zeus, além disso, não se ultraja com esses comportamentos. Quando os chefes da cidade responsabilizam os deuses que eles admitiram em suas moradas, em seus conselhos, em suas guerras, é quando os deuses ficam bem, recebem ricas oferendas e não vegetam no respeito frio de um culto sem vida.

Além disso, o que o grego pede piedosamente a seus deuses não é amor, mas benevolência — a consagração do esforço que termina no equilíbrio por meio dos sofrimentos do excesso e das negações do extremo. Se o amor é por completo ausente das relações entre homens e deuses, a amizade, por vezes, substitui-o — amizade de Apolo e de Heitor, em que o respeito, a confiança recíproca, a familiaridade e a distância, a felicidade da admiração, a felicidade do ensinamento, o júbilo de dar e de receber, compõem uma harmonia bastante próxima daquela que se manifestará mais tarde no apego que um Sócrates, um Platão, terão ao inspirar seus discípulos.[7] Afora essa amizade à margem da piedade tradicional, vemos, entre mortais e Imortais, apenas laços de interesse e de conveniência que religam o mundo

---

[7] Mais próximo dos mortais do que dos Imortais, e todavia mais deus do que esses deuses turbulentos, isolado em sua divindade calma, o protetivo Apolo, amigo de Heitor, é de fato o mestre de Homero. Ele tem pena dos homens aos quais as Parcas «conceberam um coração apto ao sofrimento». Virando as costas à fatalidade, ele agarra seu arco de prata e, para além de todos os nossos desastres, aponta sem gana no céu escuro um alvo cintilante cujo brilho nossos olhos embaçados não ousam suportar.

protegido da corte e dos grandes ao mundo exposto dos combatentes e da guerra.

As disputas e reconciliações de Zeus e de Hera, a cena de sedução em que Hera, armada com a fita mágica de Afrodite, consegue tapear seu marido, aquela em que Zeus, descobrindo ao acordar a astúcia da esposa, ameaça atirá-la do alto do Olimpo e deixá-la espernear no éter, pertence a uma verdadeira opereta. Mas, ainda ali, a verdade humana situa essa comédia conjugal no plano de uma realidade mais substancial. Hera de grandes olhos estúpidos, com sua obstinação ainda mais besta do que maldosa, e aquele gênio que ela emprega quando se trata de apoquentar o infeliz Zeus, de impor-lhe uma guerra de nervos da qual ela sairá sempre vitoriosa; Afrodite, radiante e fútil em sua fraqueza não desarmada, toda sorrisos e caprichos de loira; Palas Atena, esta guerreira com músculos viris, especialista em perfídia, capaz de domesticar Ares e de mandá-lo rolar pela terra, a garota atroz que sabe conter longamente sua ira, moer seus rancores, ferver sua revanche — estas três deusas, que o julgamento de Páris ofende ou preenche, revelam, cada uma a seu modo, o inverso eterno do eterno feminino cuja pureza trágica Andrômaca, Helena e Tétis personificam.

Sozinho em meio aos Olímpicos, Zeus tem uma vida mais completa. Ele desempenha seu papel na farsa e não perde o estrondo dos trovões, o que não o impede de se divertir com isso. Certamente a derrota dos Troianos o aflige, mas ele não deseja menos, diz, do que permanecer sentado em uma falda do Olimpo: «donde ficarei a ver para deleite do meu espírito». Depois de ter inutilmente imposto aos Imortais uma neutralidade que eles sonhavam violar, Zeus lhes permite intervir no conflito. De imediato, precipitam-se à guerra, e o Pai dos Deuses ri ao vê-los dando patadas uns nos outros, enquanto «a terra ressoou» e «o grande céu ecoou com som de trombeta». Atena (com mão de ferro) atinge Ares com uma enorme pedra, Hera cobre de golpes a ruidosa Ártemis, e Aquiles aproveita a peleja para massacrar os Troianos com todas as forças. «Tal como quando a fumaça sobe até o vasto céu de uma cidade em chamas.» Essa visão, de certa forma, diverte Zeus. Esse deus-contemplador não tem nada de justiceiro. Espectador exigente, ele aceita a lei da tragédia que permite a imolação do melhor, do mais nobre, para açodar, por meio do sacrifício, a renovação das forças fecundas. Quando seu bando turbulento o excede, ele levanta voo em sua carruagem através da extensão, chega ao Ida de muitas fontes e, desse pico, «exultante na sua glória», observa a cidade dos Troianos e as naus dos Aqueus.

O ceticismo desenganado do Crônida prediz estranhamente aquele do Eclesiastes. Zeus compreende que os deuses podem morrer e inclina-se diante da grande divindade cega que reina igualmente mortais e Imortais. Atento ao flagelo que marca o peso da derrota sobre a balança dourada da fatalidade, ele deixa que o irreparável suceda. Ele não defende aquilo que prefere: essa Ílion que ele protege, ele não a abandona à fúria de Hera? Esse Heitor, «dos mortais de Ílion o mais estimado pelos deuses», ele o entrega aos golpes de Aquiles. Não intervém, como o Deus de Israel, para punir e salvar, vingar e redimir. Distribuidor indiferente de bens e males, Zeus se limita a ofertar ao ator o roteiro do drama em que deve figurar: «dois são os jarros que foram depostos no chão de Zeus, jarros de dons: de um deles, ele dá os males; do outro, as bênçãos». Cabe ao homem colher o que puder dessa mistura.

Zeus, contemplador, não é, tal como o Deus criador, uma força acima da força, uma potência de vontade acima da vontade de potência. A força, nele, é apenas uma aparência decorativa, o símbolo de uma realidade que ele representa, mas que, de forma alguma, incorpora. Ainda melhor do que na natureza, foi no homem que Homero divinizou a potência. Mas ele a glorifica apenas em seu aspecto limitado e finito, enquanto energia perecível que culmina na coragem que a mensura. Inseparável do corpo perfeito que ela vivifica, essa energia participa do jogo eterno das forças cósmicas de que não difere essencialmente. O transbordamento do Escamandro tem o ritmo da cólera humana, a fuga do herói diante do deus-rio raivoso retraça o terror das miríades de fugas animais. Se Aquiles não é mais do que uma parcela de natureza, a natureza inteira ecoa a existência atirada à torrente dos fenômenos. E a natureza divinizada, humanizada, tampouco é esse grande todo em que o homem se dissolve em uma feliz aniquilação. Pelo contrário, é a natureza que participa das lutas humanas, e o céu e a terra e as montanhas e os rios se interessam pelo conflito.[8]

Zeus, só, não toma partido algum. Não modela a história com golpes de martelo, como o Deus de

---

[8] Entre os trechos mais belos da *Ilíada,* há certamente a cólera do Escamandro alçada contra Aquiles. O deus poderoso deseja afastar dos Troianos a desgraça e atira-se contra o Pelida em «alta onda de crista escura». Aquiles foge, salta, agarra-se às árvores da margem, desequilibra-se, salta mais forte; o inflexível conhece o terror e o abalo, o ódio do inexorável. Perseguido, acossado, ele implora a Zeus como uma criança em apuros.

Israel, e nela vê apenas o lugar das tragédias da força, os dramas da paixão coletiva — o objeto de uma representação que não conhece nem clama pela justiça divina. Deus de um mundo de contemplação, afunda-se com ele nos precipícios da aurora. Mas basta o olhar sereno, que domina do alto as consequências longínquas, para que a Guerra de Troia seja outra coisa que não um duelo sangrento e uma disputa absurda, para que ela adquira um sentido que, ao mesmo tempo, a restitua à economia do universo e isole-a, singularize-a, separe-a do fluxo dos eventos. O interesse apaixonado do espectador divino entrega à existência sua atividade metafísica.

Que importa se os deuses sucumbem com os heróis... Únicos imortais, os versos do poeta contarão a tristeza infantil de Aquiles, os arrependimentos de Heitor, as lágrimas de Andrômaca.

Contrariamente ao que afirma Nietzsche, Homero não é o poeta das apoteoses. O que ele exalta, santifica, não é o triunfo da força vitoriosa, mas a energia humana na desgraça, a beleza do guerreiro morto, a glória do herói sacrificado, o canto do poeta no tempo que vem — tudo aquilo que, vencido pela fatalidade, ainda a desafia e a supera. Desse modo, a eternidade de Homero, centrada sobre a vontade do indivíduo, opõe-se à eternidade de Tolstói, em que se elimina o cisma da individuação. Para além do cristianismo, o demiurgo de Iasnaia Poliana nos carrega para a Ásia, a Índia dos contempladores e dos santos; enquanto o poeta da Jônia, pelo paganismo, orienta-nos para os promontórios pontiagudos do Ocidente cristão.

V. DE TROIA A MOSCOU

Homero e Tolstói têm em comum o amor viril, o horror viril da guerra. Nem pacifistas, nem belicosos, eles sabem, falam da guerra como ela é. Sua oscilação perpétua entre a humanidade ardente que irrompe no júbilo da agressividade e o desapego do sacrifício em que se consome o retorno ao Uno. Seria vã a busca na *Ilíada* e em *Guerra e Paz* por uma condenação explícita da guerra como tal. A guerra — nós a fazemos e a suportamos, nós a execramos ou a cantamos; não mais do que o destino, nós a julgamos. Solitário, responde-lhe o silêncio — ou antes a impossibilidade da palavra — e esse olhar enfim desencantado que um Heitor agonizante lança sobre Aquiles, ou que o príncipe Andrei parece afundar para além de sua própria morte. Em torno deles, depois deles, a guerra continua a chamar a si os jovens ansiosos para entrar no jogo. Ela não se separa da juventude, dos corpos que ela seduz para destruir. «Excitou-se-me a força e ambos os pés estão cheios de rapidez.» O inexpiável é dotado do poder de provocar o esquecimento, de paralisar a imaginação e a memória que só conservam o horror. Contudo, ao mesmo tempo em que a oprime, a guerra estimula a imaginação por meio da mudança brutal de luminosidade que lhe revela o elementar. A guerra, na epopeia, aparece de imediato como o prolongamento levado ao cúmulo dos ritmos da cólera que avassalam a natureza, das grandes convulsões cósmicas. As imagens da *Ilíada* ressuscitam a fraternidade selvagem do homem e dos elementos. O homem se decompõe como se decompõe um carvalho, ou um choupo, ou um pinheiro esbelto que os carpinteiros, com seus machados recém afiados, derrubam na montanha para transformar em casco de navio. Lá está ele, idêntico, estendido sob o sol, diante dos cavalos e da carruagem, ganindo e empunhando a poeira ensanguentada. O imenso rugido do combate se ergue tão alto nos céus quanto o estrépito dos elementos: «Nem a onda do mar brame assim contra a praia, impelida do mar alto pelo sopro pavoroso do Bóreas; nem assim é o bramido do fogo ardente nas clareiras das montanhas, quando salta para queimar a floresta... pois assim era o clamor de Troianos e Aqueus, gritando terrivelmente ao atirarem-se uns aos outros». Mas, acima da aglomeração, do guerreiro em terra que espera, «de braço pesado, olhando a morte de frente», que seu vencedor encerra, abre-se essa imensidão eterna em que o príncipe Andrei submerge entre céu e tempo. A própria guerra é a trilha da unidade no gigantesco devir que cria, tritura, recria mundos, almas, deuses. A essa vida que ela consome, dá uma importância suprema. Pois arranca-nos tudo, o Todo, cuja presença de súbito nos é imposta pela vulnerabilidade trágica das existências particulares que a constituem, torna-se inestimável. Aquilo que será entregue à destruição e que ignora a ameaça ou espera escapar-lhe — a vida simples, a paz de Andrômaca servindo trigo aos cavalos de Heitor, a felicidade ansiosa de Natasha antes da partida de Andrei — irradia-se de ternura. O Todo, nessas duas épocas, não serve como pano de fundo: é o Uno — ator, agente, diretor invisível do drama em que homens e deuses combatem amalgamados.

É difícil falar de um mundo homérico ou tolstoiano em relação à *Ilíada* e a *Guerra e Paz*, no sentido em que se fala de um mundo dantesco, balzaquiano, dostoievskiano. O universo de Tolstói, o de Homero, é o nosso, a cada instante. Nós não entramos nele; nós estamos nele. «É difícil seria para mim narrar tudo como um deus.» Esta afirmação modesta de Homero, Tolstói a poderia ter tomado para si. Nem um, nem outro precisa dizer tudo para que o Todo se revele. Apenas eles (Shakespeare, por vezes) têm essas pausas planetárias acima do evento em que a história aparece em fuga perpétua para além dos objetivos humanos, em sua incompletude criativa. Heitor não verá a aniquilação dos invasores, nem o príncipe Andrei o refluxo da invasão napoleônica. Resta ao pagão a imortalidade da glória, ao cristão a imortalidade da fé. Atado pelas raízes a essa paixão pela eternidade, o amor pela pátria só se manifesta plenamente na provação da guerra. Sob a ameaça extrema, o homem compreende que seu laço com o país que ele transformou, querendo ou não, no centro do mundo, onde ele encontra seus deuses, sua razão para viver e morrer, não é um sentimento edificante e confortável, mas uma terrível exigência posta a todo o seu ser. É na véspera de Borodino, o auge da crise, que o príncipe Andrei, ainda ferido pelo noivado rompido e por suas ambições frustradas, experimenta a violência de uma paixão mais tenaz que aquela do amor e da glória: a vontade de reconquistar a pátria humilhada. É durante o perigoso ataque ao muro que abriga os navios aqueus que Heitor, reagrupando para o assalto

Troianos e Aliados, mede a força que cada indivíduo ainda guarda para a defesa de seus «bens»: uma terra e um céu, entes queridos, coisas há muito amadas, inseparáveis da existência. «Há um portento que é o melhor, responde a Polidamante, combater pela pátria.» Coagido a ser forte ou perecer, o homem inventa um nova maneira de amar a vida, mais árida, mais persistente. Apenas com as provações do cativeiro, Pierre Bezúkhov se lembra da verdade primordial que lhe escondem suas ilusões e suas nostalgias: nada é terrível na vida, pois tudo é terrível; não há nem balança, nem peso, nem medida para avaliar os sofrimentos humanos. O próprio Aquiles, conquistador de cidades, no momento de sua vitória, não mais sabe se, ao derrotar Príamo, triunfa ou cai em desespero. Homero e Tolstói apenas revelam essas grandes verdades conhecidas a um único homem: elas são a confidência da solidão na mais densa ação coletiva. A necessidade que obriga o indivíduo a suportá-las sob a ameaça da escravização ou da aniquilação, longe de fundir sua personalidade à massa anônima, exalta-a ao despojá-la. Pierre, Andrei, Heitor, Aquiles não voltam jamais a ser eles mesmos, tão próximos de já não serem nada. As próprias cidades — Moscou incendiada, vazia como uma colmeia deserta, Ílion ameaçada em sua opulência, logo descoroada e desmembrada — têm uma vida individual, uma alma, uma fatalidade, uma santidade própria. A santa Ílion, Moscou, cidade santa, centros de gravidade da epopeia, são tanto o lugar geográfico onde se enredam e desenredam os fios dos acontecimentos, como o lugar metafísico em que se dá a transmutação religiosa do fato em ficção sagrada. Incendiada, arrasada, a cidade sobrevive no *epos*, testemunha perene das existências reais ou imaginárias que ela conduziu, das lutas reais ou lendárias das quais foi palco.

Nem Homero, nem Tolstói tentam amenizar o escândalo do sofrimento perdido, não mais do que buscam fugir dele pela ideia de sobrevivência individual.[9] Da vida, eles apelam apenas para a própria vida. A essa escala de visão, nenhuma finalidade limita a afirmação severa da existência mesma, tomada tanto por seu conjunto como pelo detalhe dos destinos singulares. Se Homero exalta a grande individualidade e regozija-se com ela, embora Tolstói a castigue e rebaixe, ele não lhe outorga imunidade à morte. O próprio Aquiles, homem de

---

[9] Certamente não se deve reduzir a importância do culto aos mortos e aos ancestrais que integra a grande tradição mágica ainda tão viva em Homero. Ele está na base dos últimos episódios da *Ilíada*. Contudo, não influencia de modo algum o pensamento e a concepção metafísica do poeta.

excessos, tem também a carne que «poderá ser penetrada pelo bronze afiado, ele só tem uma vida e os homens consideram-no mortal». Homero não o faz invulnerável, o herói é apenas o arco tensionado que joga o mais longe possível a flecha afiada do desejo da eternidade. A cada instante, ele esbarra na zona de solidão em que seu fervor guerreiro se desencantará, em que o abandonarão os valores que lhe são caros e que ele quer eternos. Quando o príncipe Andrei entra, nada mais do que ele amou — mulher, pátria, glória — acompanha-o. E quando «sobre os seus olhos caíram a morte purpúrea e o destino ingente», a ele nada resta daquilo que o havia feito orgulhoso e feliz. A consciência não tem asas que lhe permitam sobrevoar a morte para se apoderar da eternidade fora do tempo ou do instante. A vida, aqui, não aparece como evolução contínua do nascimento à morte, mas como extensão vasta com a morte no centro. Para Homero, assim como para Tolstói, a morte mantém seu ferrão.

Por isso, sem dúvida, eles não reconhecem à humanidade qualquer soberania. Por não morrer — ao menos não a nossos olhos teimosos —, a humanidade não vale mais do que o humano. Ao contrário, é inferior a ele, com toda a finitude que lhe falta.

O cristianismo só a elevou restituindo-lhe a morte na pessoa do Cristo que encarna o gênero humano.

A eternidade pertence, assim, apenas a este Ser, que Tolstói chama Deus e no qual ele aspira dissolver tudo o que é isento do pecado da individuação — e que Homero, sem dar-lhe nome (por um movimento inverso), faz ativamente solidário de toda existência perecível. Esse Todo, esse Ser, manifesta-se apenas, contudo, em um devir incessantemente remodelado, cuja progressão irregular, feita de avanços e de recuos, parece ocultar um fim criador. Quando se confrontam diante de Troia, ou Moscou, os exércitos inimigos, para além do inexpiável que os separa, inscrevem juntos o texto da epopeia do qual os homens do porvir extrairão o poder de transfigurar o mundo outra vez. E, claro, essa transfiguração não é redenção. Ela não repara, nem ressuscita os tesouros da consciência e da vida tolamente sacrificados às rotinas da força. Mas as intimações do irreparável despertam a vontade criativa. O porvir lhes responde, é a eles que se dirige. Se existe uma solidariedade autêntica, uma comunhão vivente dos indivíduos isolados, não teria ela sua origem na esperança de fundar sobre a vergonha e o luto uma nova realidade?

Descobrindo os erros de uma visão limitada, o indivíduo se emancipa, não no amor à humanidade, mas naquilo que extraiu desse «material de ensaio» do campo de escombros (Nietzsche): uma nova imagem da existência com que o passado inteiro colabora com suas destruições e suas obras, sua história aterradora e magnífica.

Quando Homero e Tolstói querem lançar luz sobre a fatalidade da força — esse deslizamento inevitável da vontade criadora ao automatismo da violência, da conquista ao terror, da coragem à crueldade —, não se permitem ir até o ultraje da indignação moral. A eles basta uma imagem, um contraste que permanece sempre presente em nossas memórias. Nada evidencia tão bem o parentesco profundo do poeta grego com o poeta russo como a semelhança fraternal entre Pétia, o caçula dos Rostov, e Polidoro, o filho mais novo de Príamo. Ambos, contestando alegremente a defesa de se combater burlando a vigilância, avançam à batalha para serem ceifados. À eclosão mecânica da brutalidade, Homero e Tolstói opõem apenas a graça de um adolescente risonho que parodia o jogo da guerra ao atravessar as linhas inimigas. O mesmo Aquiles que ama somente a luta pela luta não teme macular sua glória enfrentando uma criança desarmada. Quer submeta a matéria ao espírito, quer o espírito à matéria, é ainda a mesma força que, identificando-se no vértice de sua curva com o dom criador, transcende-se no objeto que esculpe e, então, recai sob sua própria lei, estafa-se e desintegra-se. Quando Aquiles, extenuado pelo poder, massacra Polidoro e Licáon, ele está pronto para a flecha de Páris.

Homero, todavia, ultrapassa infinitamente Tolstói no espírito de justiça. O russo não pode não diminuir e rebaixar o adversário do seu povo sem desnudá-lo a nossos olhos. O grego não humilha nem o vencedor, nem o vencido. Ele quis que Aquiles e Príamo prestassem uma homenagem recíproca. Uma vez que a culpa do devir pese igualmente sobre o gênero humano e a raça dos deuses, a compreensão e a compaixão devem se estender tanto aos felizes como aos infelizes, tanto a Aquiles como a Licáon. Homero não trai qualquer preferência, qualquer parcialidade pelos seus, e não foi em meio a eles que elegeu aquele que fez do modelo humano por excelência: Heitor. Mas, além disso, o espírito não está ainda engajado nos conflitos da força, nenhum veneno se mistura ao ódio. A inclemência e a crueldade fazem parte do esporte da guerra e os adversários não almejam proibir-se mutuamente de usá-las. O desejo de vingança é uma paixão florescente que embebe a vontade de vencer, não um ressentimento que apodrece a alma e agrava a derrota.

No extremo do combate, os adversários podem se fazer justiça: a grandiosidade não lhes é proibida. Tudo muda se o critério do conflito de força não for mais a força, mas o espírito. Quando a guerra surge como a materialização de um duelo entre a verdade e o erro, a estima recíproca se torna impossível. Em uma luta que confronta — como é o caso na Bíblia — Deus e os falsos deuses, o Eterno e o ídolo, não pode haver trégua. Trata-se de uma guerra total que deve avançar em todos os terrenos, até o extermínio do ídolo e a mutilação da mentira. Respeitar o adversário equivaleria a homenagear o erro, a testemunhar contra a verdade.

Para Tolstói, Napoleão não representa apenas o invasor de sua pátria, mas o rival de Deus; ele encarna o mito da grande personalidade que impede o retorno das existências particulares ao Ser indestrutível. E Kutúzov também não representa apenas o herói libertador do solo natal, mas, ainda mais, o anti-herói, o intérprete modesto de uma necessidade histórica cujos sentido e produto confundem a razão humana.

Ainda assim, quando atinge a grandeza que tem em Homero e em Tolstói, o estilo da epopeia abriga a calma do olhar, a capacidade do sobrevoo, a superação das perspectivas mesquinhas, que excluem o arbitrário. Exigindo tanto o sentido da lentidão como o dom da presteza, a intuição dos estados coletivos e a adivinhação das almas, a visão cósmica e a imaginação antropomórfica, a epopeia não tolera uma baixa parcialidade do julgamento e da sensibilidade. Ela reivindica do poeta nada menos do que uma técnica de demiurgo que devolva a todas as coisas sua plenitude segundo a justiça profunda do criador para com o real. Aqui, a planta humana nos é oferecida com todos os pedaços de terra ainda pendendo em suas raízes, o herói não emerge de uma massa indistinta mas de um conjunto vivo de indivíduos em que Pierre Bezúkhov tem seu lugar ao lado de Platon Karatáiev, em que Aquiles e Agamêmnon mantêm sua estatura e suas figuras.

Em Tolstói e Homero, a força da castidade, que não é de forma alguma o contrário da sensualidade, mas sua manifestação mais autêntica, suporta a vontade de expressão ao frear a potência do sentir: barragem que retém a água unida antes que ela se rompa, e permite que cada entrelaçamento da folhagem seja ali refletido com seu recorte de céu. Reconheçamos a força da castidade nessa poesia à qual basta apenas um indício, um vestígio para evocar a mais aguda, a mais furtiva das sensações com palavras que saberão não desbotá-la. Desvendemos sua presença nessa arte de tornar a carne transparente, de despir as paixões de um discurso breve, de dizer o extremo com modéstia e o excesso sem excesso: o mergulho no abismo da guerra, mas também o salto na paz das constelações.

VI. A CEIA DE PRÍAMO E AQUILES

Lembremos da cena com que se encerra a *Ilíada*: Príamo se dirige a Aquiles para recuperar o corpo de seu filho. Prostrado aos pés do vencedor, ele reassume uma majestade que já não tem. Uma nova coroação fez, do rei de Ílion, «o rei da súplica». Dali em diante inviolável, na calma em que embebe o desastre consumado, essa majestade se ergue acima da ofensa, alcança a santidade. Ouçamos esse idioma: «Respeita os deuses, ó Aquiles, e tem pena de mim, lembrando-te do teu pai. Eu sou mais desgraçado que ele, e aguentei o que nenhum outro terrestre mortal aguentou, pois levei à boca a mão do homem que me matou o filho». Sem qualquer veemência: o respeito próprio dá a essas palavras o peso exato da verdade. Ao reivindicar seu direito à piedade, o vencido não adora o destino na pessoa de quem implora. A provação inacreditável que ele se inflige, na proporção do amor que o sustenta, não é maculada por qualquer rebaixamento. «O abatimento, diz ainda Péguy, não é uma prostração.» Mas trata-se aqui de uma derrogação excepcional às leis do mecanismo da violência, do único caso em que, na *Ilíada*, a súplica desencanta o suplicado em vez de exasperá-lo.

De súbito, parece que Aquiles é tão vítima de Aquiles quanto os filhos de Príamo. À visão do velho rei ao qual deixou apenas o reino do infortúnio, o vencedor, espantado, parece despertar, curar-se de seu frenesi. As palavras do velho fazem nascer nele «o desejo de chorar pelo pai». O Matador volta a ser um homem repleto de infância e de morte. «Tocando-lhe com a mão, afastou calmamente o ancião. E ambos se recordavam...» Está aqui, creio, o mais belo dos silêncios da *Ilíada* — esses silêncios absolutos em que precipitam o fragor da Guerra de Troia, as vociferações dos homens e dos deuses, o estrondo do Cosmos. O devir do universo está suspenso por esse intangível que dura apenas um instante e persiste.

Se Príamo acredita hoje estar implorando a Aquiles, não encontra mais Aquiles. O ultraje não atinge somente o corpo e a alma para destruí-los. Ele se insinua mesmo na consciência que o derrotado toma de si. Ele torna a vítima disforme a seus próprios olhos. Ele contamina até a piedade que se pode ter por ela. Jamais a humilhação, envenenada pela mentira em que se envolve o ato de força, havia deteriorado tanto a intimidade da existência. Certamente o pacto entre a força e a trapaça é tão velho quanto a humanidade. Ao menos ainda se poderia diferenciá-los um do outro. Aquiles, mesmo em seus menores gestos, não tolera que eles sejam confundidos. Ele escapa, em certa medida, à definição que Péguy dá do suplicado: «um homem que tem aquilo a que se chama de bela situação... um homem feliz, um homem que parece ser, que é feliz». Um poderoso da terra, claro, Aquiles o é de início, mas nada menos que um homem feliz, apesar de seus prêmios e suas cotas de honra. Esse inclassificável (como Coriolano) não tem nada do chefe de Estado à maneira de Agamêmnon, capaz de captar em seu benefício os rancores de seu perigoso aliado, nada do sagaz à maneira de Ulisses, patrono dos traficantes argutos cuja intrepidez fez, da Grécia, um mundo. Ele não se parece mais com os duros senhores aqueus cujo poder se mede pelo tamanho do rebanho e da terra que possuem. Aquiles venceu e não irá explorar sua vitória: será Ulisses a derrubar Ílion, guardiã das rotas da Ásia e dos mares bárbaros. A crueldade, em Aquiles, não é uma técnica, menos ainda um método, mas uma espécie de paroxismo da revolta na perseguição e no revide. Ele só encontra nela, ao que parece, o meio de renovar a ilusão da onipotência em que reside sua razão de viver. A perfeita conformidade de sua natureza à vocação de destruidor, que faz dele o menos livre dos seres, garante-lhe, por outro lado, uma liberdade do corpo, cujo espetáculo é por si só uma grandiosidade. Pode-se, sem decadência, admirar esse «grande espírito orgulhoso», prisioneiro dele próprio em um corpo soberano. Mas, se Príamo admira Aquiles, Homero não nos diz que ele o honra. Não é visto de forma alguma subjugado pelo prestígio do herói diante de quem seu infortúnio o prostrou. Ele não o ofereceria como exemplo a seu povo, a seus filhos.

Durante essa estranha pausa que o destino lhe reserva no limite do sofrimento, Príamo se deleita com a beleza de Aquiles — a beleza da força. Trégua sagrada em que a alma, emancipada do evento, substitui a ordem da contemplação pela ordem da paixão. A realidade atroz, que cristalizava a dor, torna-se outra vez fluida e fugaz na imagem que a exorciza. O ódio se desconcerta e esmorece, os adversários podem se encarar e deixar de ser alvo um do outro, coisa a se destruir. A favor dessa partição, tudo aquilo que a fúria havia pisoteado — a vida privada, o amor dos deuses e da beleza terrestre, a vontade frágil e contumaz de quem desafia a morte a carregar sua flor e seu fruto — renasce e respira. «Nossas tristezas deixaremos que jazam tranquilas no coração, por mais que soframos», aconselha Aquiles. Esse é o instante em que, das profundezas de seu ser, a compaixão jorra e o submerge, embora não haja qualquer remorso. Ele levanta o velho desfeito, conforta-o, louva sua coragem, mas não esboça arrependimento do gigantesco mal que lhe causou e continuará a lhe causar. Que Príamo se resigne a suportar seu fim, o próprio Aquiles é apenas «um filho desafortunado fadado a uma vida breve» no exílio. Todos os homens vivem em sofrimento: a igualdade verdadeira tem apenas um alicerce. Homero quis que fosse precisamente o vencedor a recordar-lhe do vencido. Para poupar a honra do suplicante, mas também para se desvencilhar de uma responsabilidade embaraçosa, Aquiles se refugia atrás da fatalidade. Príamo recebe em silêncio a lição do assassino de seus filhos. Ele não protesta contra esse escândalo, ele não se indigna com essa «sabedoria» como o faz Jó: «Até quando afligireis a minha alma, e me atormentareis com os vossos discursos?». Ele não tem, como este, o recurso de clamar por sua causa diante de Deus. Jó pode acusar Deus de tê-lo escoriado e lhe recusa a justiça: «O Onipotente, que trouxe a amargura à minha alma». Mas Príamo se cala quando Aquiles lhe dá conselhos de resignação. Por que se indignar, justificar-se, defender-se? Cercado por uma fatalidade de pedra, não lhe resta nada senão tornar-se pedra, como Níobe. O cristianismo se alimenta da queixa de Jó. Talvez ele deva mais do que imaginamos ao silêncio de Príamo.

Desconfiando de si mesmo, Aquiles teme romper a trégua com uma de suas explosões costumeiras e toma o cuidado de banir o pretexto: «para que Príamo não visse o filho, não fosse acontecer que ele não conseguisse reter a ira no coração ao ver o filho e que o coração de Aquiles se encolerizasse e o levasse a matar o ancião, errando assim contra a vontade de Zeus». É o que ele quer evitar. Advertido por Tétis, ele concorda em devolver a Príamo o cadáver de seu filho. Do «incontável resgate pela cabeça de Heitor», ele destaca duas peças de linho, assim como uma túnica bem tecida. E quando suas servas, sob sua ordem, lavaram e ungiram com azeite o corpo de seu inimigo, «lançaram-lhe por cima uma bela capa e uma túnica. Foi o próprio Aquiles a levantá-lo e a pô-lo em um esquife; depois com ele os companheiros o puseram no carro polido». Depois, tendo satisfeito ainda outra vez a sua carência do pranto (ele chora muito, este guerreiro), pede perdão a seu querido Pátroclo por ter posto fim às represálias e promete-lhe uma parte justa do resgate oferecido pelo corpo do assassino. Seus escrúpulos apaziguados, ele se acalma, anuncia a Príamo que seu filho foi entregue e convida-o a partilhar sua ceia. «Pensemos então também nós dois, ó ancião divino, na comida. Depois lamentarás teu filho amado, depois de o teres levado para Ílion. Muitas lágrimas ele te causará.» Príamo aceita. Por que não? Ceias funéreas entre a vida e a morte, de comunhão e de paz entre a guerra e a guerra. Homero não omite nada que manifeste a presença do corpo nas transformações da alma. Ele conhece a fome do homem cavado pelo sofrimento, a revanche justa do corpo sobre a alma extenuada, antes que ela não exija novas lágrimas. A ceia noturna não é a ceia dos sonhos, exterior à vida carnal, mas, no seio dessa mesma vida, a celebração do que a excede e santifica. «Quando afastaram o desejo de comida e bebida», Aquiles e seu anfitrião relaxam, esquecem, desejam esquecer o inexpiável. «Príamo olha maravilhado para

Aquiles e o acha belo.» Aquiles, por sua vez, admira Príamo, contempla seu aspecto nobre.

Aqui, ainda, a beleza faz brilhar sobre o sofrimento a possibilidade da salvação. Outra vez, seus raios perfuram a nuvem e cruzam na tormenta o caminho da paz. Essas pausas no devir, em que a beleza oferece sua transparência ao eterno, não são «belos instantes» desconectados, sem laços com a realidade que os ignora. Não se pode separá-los do tempo que escande o ritmo alvoroçado da ação. A muralha de Troia, quando Helena ali aparece, a tenda de Aquiles quando Príamo nela entra, são lugares de verdade em que passa a ser possível, se não o perdão da ofensa, que o antigo não conhece, *o esquecimento da ofensa* na contemplação do eterno. Assim se encontra expressa, já em Homero, com uma plenitude que os filósofos não terão igualado, essa intuição da identidade do belo e do verdadeiro que fecunda o pensamento grego.

Permanecendo um pouco para trás, no ponto de junção entre a ordem trágica e a ordem contemplativa, Príamo aparece como o delegado do poeta da epopeia, como a encarnação da sabedoria homérica.[10] Mais e melhor que deus no topo do Ida, ele

---

10 Não se compreende verdadeiramente que ele domina o poema senão depois de encerrada a sua leitura.

representa o vidente da tragédia pois é também o seu paciente. Graças a ele, o prestígio da fraqueza triunfa um instante sobre o prestígio da força. Ao admirar o inimigo que o dilacera, justificando o estrangeiro cuja presença arruína a cidade, o velho Rei confessa um absoluto contra o qual se estilhaça seu drama, mas que ele não poderia captar nesse drama. Esse momento de lucidez extática em que o mundo desvairado recompõe sua figura abole, nos corações sofredores, o horror da iminência. Inútil ir mais longe: o porvir, para Príamo, é o incêndio de Troia; para Aquiles, a flecha de Páris. Jó irá recuperar, pela fé, todos os tesouros do real, mas Príamo, ainda agora, reconquistará apenas o cadáver de Heitor. No entanto, basta esse encontro à beira da noite para que a aurora de uma felicidade, alheia à felicidade, reconcilie a vida com a vida. Níobe volta à vida e desata seus membros petrificados.

Aquiles, aliás, não se contenta em executar as ordens dos deuses. Promete a Príamo suspender a batalha e reter o exército durante todo o funeral de Heitor. Depois, com ternura e respeito, com essa infinita delicadeza que é qualidade da verdadeira força, «pelo pulso tomou a mão direita do ancião, para que não sentisse medo no coração».

Tal é Aquiles, mais próximo de Alexandre ou do Grande Condé do que dos bárbaros dos quais descende. A graça requintada com que ele recebe o hóspede só revela o homem de linhagem nobre cujas explosões de violência ameaçam uma cultura refinada. Não esqueçamos que esse conquistador sempre desapontado tem a paixão da música. Quando Ulisses surge com sua legação para tentar convencê-lo, ele o encontra com sua lira — aquela bela lira ornamentada que ele tomou para si dos escombros de uma cidade que destruíra. «Com ela deleitava o seu coração, cantando os feitos gloriosos dos homens.» Este canto não deve ser desprezado. Somente a amizade e a música libertam Aquiles. Mas vale a libertação? Se ele preferiu a glória a uma vida longa, foi porque escolheu a imortalidade: a da onipotência, não a da alma. Seria possível, a rigor, ver em Aquiles o elemento dionisíaco: a paixão de destruir por ódio à destrutibilidade de tudo — em Heitor, o elemento apolíneo: a vontade de preservar a ordem humana pelo amor do ser em sua própria vulnerabilidade, se os personagens de Homero não fossem sempre infinitamente mais complexos do que deixam transparecer a concentração e a abreviação voluntária do estilo clássico.

Continua o escrutínio da fabricação desse poema. Aqui, a luminosidade multiplica os enigmas. A precisão do traço acusa a ligeireza atormentada da vida. Sob a bela unidade da força, renasce a ambiguidade do real. Por todo lado respeitadas e destacadas, as grandes simetrias do devir revelam apenas a presença do incomensurável. Tudo aquilo que, por sua natureza, parece ter de escapar à plasticidade escultural — o furtivo, o fugaz, o formigamento das possibilidades, o espelhamento dos contrastes — encontra-se, não se sabe como, incorporado a essas estátuas sem que sua calma se altere. Os heróis de Homero nos aparecem ao mesmo tempo com o desafogo do ator sobre o palco trágico e com o halo das existências mortais. «Para sermos clássicos, diz Nietzsche, devemos possuir todos os dons e desejos violentos e aparentemente contraditórios, mas de tal forma que sigam juntos sob o mesmo jugo.» E é a Homero que poderia se referir Nietzsche, quando afirma que a grandeza do artista clássico se mede «pela certeza infalível com a qual o caos obedece e toma forma em sua voz, na necessidade que sua mão exprime em uma série de formas».

FONTE ANTIGA E FONTE BÍBLICA

Antes de ser uma conquista, o sentido do verdadeiro é um dom. Há outros textos sagrados além da Bíblia e da *Ilíada*, mas nenhum em que a vocação da justeza seja mais evidente. Alhures, estamos em território estrangeiro, aqui temos nossa pátria, aqui purificamos nossas fontes. Por algum crescimento insensível, a Bíblia e a *Ilíada* são sempre proporcionais à nossa experiência mais rica em contradições. Elas nos oferecem o conforto pelo qual estamos ávidos: o contato do verdadeiro com o mais extremo de nossas lutas, ao nível do concreto. Quanto mais íntima nossa negociação com esses dois livros divinamente inspirados, mais viva é a nossa desconfiança do crédito dado às interpretações simbólicas que os carregam de um sentido excessivamente rico. É demais aventurar-se a detectar, entre o pensamento bíblico e o pensamento homérico, alguma identidade profunda sob os contrastes que opõem a coragem da ação justa e o heroísmo da ação guerreira, a salvação pela fé e a redenção pela poesia, a eternidade anunciada como porvir e a eternidade extemporânea atualizada em forma perfeita? Certamente não há nada em comum entre os heróis que eclipsam seus deuses protetores atirando sobre eles toda a luz do destino e essa nação pecaminosa que enriquece com sua substância o Deus único. Contudo, a religião do *Destino* e a adoração do Deus vivente implicam a mesma recusa em estabelecer, como técnica ou como mística, um laço com o divino. O Deus da Bíblia se permite tocar, não subornar pelas orações; os ritos propiciatórios podem apaziguar os Olímpicos, mas não vergar o *Destino*.

Nada é mais estranho ao Deus de Israel do que o descolamento impassível da divindade dos místicos. Ele não espera da criatura que ela se esvazie de tudo o que foi criado para se abrir a ele. Mas ele não mais reserva para si o privilégio de escapar da luta e do esforço que impôs ao gênero humano. Moisés é castigado por ceder à pressão do povo que exigia que ele transformasse sua intimidade com Deus em uma relação mágica com a força oculta. Prometeu não é somente vítima de sua audácia criadora e de sua devoção redentora; ele expia sua altivez, sua pretensão de isentar o homem das leis de sua condição, tanto pela ciência como pela magia.

Assim, é por uma aceitação de não-poder, no auge dos poderes e da paixão do pensamento, que repousa a inteligência do verdadeiro como sentimento religioso nos Profetas e nos Trágicos. O desencanto radical não é menos amargo nos salmos de Davi do que nos trenos de Homero e de Ésquilo. E, sem dúvida, existe, ali, entre o júbilo que o supera e o luto que o consagra, toda a distância que separa o amor de Deus e o *Amor fati*. Aqui e ali, contudo, essa humildade última se confunde com a aceitação do escândalo que constitui a incomensurabilidade das categorias éticas à ação de um deus justo na história. Jó implora, acusa — mas, não mais do que o *Destino*, Deus não se justifica. Os profetas de Israel glorificam o Senhor que aniquila gerações inteiras para recriar um povo capaz de receber seus dons. O mais alto grau de lucidez que alcançam os heróis da *Ilíada* coincide com o extermínio total da justiça. Mas a renúncia a qualquer esperança de retribuição que satisfaça o espírito não mata a paixão pela eternidade. Ela subsiste, afirma-se mais tenaz do que nunca na resolução de Heitor: «Que eu não morra de forma passiva e inglória, mas por ter feito algo de grandioso, para que os vindouros de mim ouçam falar». Ela arde nos gritos de exultação do Salmista: «Não morrerei, mas viverei; e contarei as obras do Senhor». Ele sabe «por que criaria debalde todos os filhos dos homens», e não desafia menos a morte. Imprudente, ele mantém o contraste entre as limitações da criatura e «o mandamento ilimitado de Deus».

A sensibilidade que liga tão intimamente a experiência ética à questão metafísica não está nem fechada sobre si mesma, longe da terra dos vivos, nem desviada de si mesma para reinar sobre as coisas. O universo ambíguo das forças demoníacas esmorece; o mundo dos símbolos racionais ainda não se formou. O mago não impõe mais do que fórmulas ineficazes de exorcismo da natureza recalcitrante, e o filósofo ainda não inventou os encantamentos que fará a si mesmo para despertar para a vida de belas abstrações. Nesse momento quiçá privilegiado, elabora-se, na pregação lírica dos profetas de Israel e na figuração épica de Homero, um modo particular de pensamento que não transmite seus procedimentos, mas que reaparece e prevalece cada vez que o homem esbarra consigo mesmo no redemoinho de sua existência.

Não há, por outro lado, qualquer filiação entre o espírito da Bíblia e o espiritualismo religioso, entre o espírito da *Ilíada* e o espiritualismo filosófico. O *Destino* da epopeia não se assemelha mais às essências imutáveis dos filósofos do que o Deus de Moisés se assemelha ao deus dos deístas ou dos teosóficos. Nada mais severamente humano, e menos humanitarista, do que esse pensamento inspirado que não se distancia jamais da subjetividade oscilante em que se desvela a identidade dos seres para além das divisões do Ser. Mas, quanto mais de perto ela encerra o sujeito existente, menos individualista ela se torna.

Há, na Bíblia, uma política dos profetas para o comando de uma pequena nação exposta aos empreendimentos de seus pujantes vizinhos, por vezes obrigada a aceitar o combate, por vezes de ser paciente sob o jugo sem perder sua vontade de independência e a fé em sua destinação — uma política singularmente experta em identificar o ponto vulnerável dos grandes impérios, a fraqueza encoberta pelo prestígio. Há, em Homero, o primeiro dos historiadores gregos, uma análise lúcida das causas políticas e econômicas do conflito que opõe a organização militar e camponesa das arrogantes tribos aqueias à pacífica «plutocracia» troiana. Mas quando a explicação histórica esgota o detalhe dos fatos, a análise das causas nos deixa aos pés do evento — diante da guerra, do irracional, diante de Aquiles, enfim. Sempre, em Homero e nos profetas, o pensamento se ergue para além das finalidades sociais e até o Ser, ou até a afirmação religiosa da vida em sua totalidade. A própria noção de nacionalismo permanece tão estranha à Bíblia (em que o povo só é exaltado na medida em que é chamado) quanto a Homero, cuja imparcialidade alcança tal grau de compreensão misericordiosa que se faz necessário renunciar à descoberta das preferências pessoais do poeta. Trata-se ali de uma forma de pensamento essencialmente ética, desde que se aceite que essa palavra apenas designa a ciência dos momentos de completa angústia, em que a ausência de escolha dita a decisão. «A interioridade dura apenas um instante», diz Kierkegaard, e é desses instantes que se alimenta o pensamento da Bíblia e de Homero, mesmo que pareça se entranhar na história.

As crises que desassossegam o indivíduo não alteram as constantes do devir humano. A história permanece sempre essa sucessão emaranhada de catástrofes e de recessos, de problemas provisoriamente colocados, resolvidos ou escamoteados. No entanto, o homem que provou o desamparo da impotência total e sobreviveu a essa experiência não se resigna a viver como se jamais tivesse existido. Ele tenta conservar o uso dos recursos supremos que o desespero lhe revelou. Ele busca integrar ao tempo essa intensidade que não dura, captar pela repetição uma espontaneidade ingovernável. Da ética à moral há a mesma traição do valor que da contemplação estética ao hedonismo: a qualidade ética, que não tem graus, degrada-se para tornar-se qualidade moral suscetível de ser avaliada em termos de comparação. Trata-se de obter, da disciplina, um estilo de vida que perpetua a lembrança dos instantes de interioridade. Mas, quando a interioridade, por um momento exaltada, decresce a seu nível normal, ela perde sua capacidade de ir além e só guarda de suas transformações uma imagem impotente. Tal como a contemplação estética se encerra apenas na obra, a experiência ética se materializa apenas em atos que a transcendem. O que restaria dessa experiência se a poesia não testemunhasse sua realidade? Onde estaria sua permanência sem o amparo da imaginação criadora e do gênio verbal que realiza sobre o plano da poesia o milagre da impossível repetição? Também o laço que ata a ética à poesia é infinitamente mais profundo e mais sólido do que aquele que a prende à moral. Se, para se comunicar a seus fiéis, a religião da Bíblia e a religião do *Destino* recorrem à poesia, é porque ela lhes restitui a verdade da experiência ética sobre a qual elas se fundam. Quando Nietzsche proclama sua fé dionisíaca no Eterno Retorno, Blake sua concepção religiosa, quando Kierkegaard quer decifrar a experiência de Abraão, e Pascal confessar o Deus de Abraão e de Jacó, é na linguagem da poesia — no aforismo, no paradoxo — que eles confiarão exclusivamente.

Tampouco o clima da *Ilíada*, assim como o da Bíblia, favorece o erotismo difuso que exalta a ação mágica. Uma energia nova reúne, em um amor potente, o Eros disperso da natureza divinizada. Ainda assim, o fascínio do perecível, o sortilégio das sensações não desapareceram. A felicidade do sentir se aprofunda ao tomar consciência de si mesma. Uma grandiosa imaginação antropomórfica, sem abolir a comunhão com as forças elementares, cria uma nova intimidade entre o homem e o Cosmos. As montanhas e as ilhas e os rios e as fontes participam do louvor de Deus ou congregam-se à luta dos heróis. Por meio dessa ascensão até o homem, da inesgotável animalidade se realiza a liberação da consciência individual. Assim se forma, sob o sol bruto da vida guerreira, ou na espera dos juízos de Deus, a delicadeza suprema dos sentimentos comuns: amizades de Aquiles e de Pátroclo, de Davi e de Jônatas, respeito do suplicado pelo suplicante, inquietação em poupar todo homem da ofensa no exercício da justiça.

O que a penetração recíproca do sentido religioso e do sentido poético acrescenta a esses valores, deduzimo-lo ao ver o que se tornam quando rompem com o absoluto que os engendra. Quando a prodigiosa inspiração da poesia profética se esgota, a religião da Bíblia degenera em um fervoroso messianismo místico. Quando a filosofia grega quiser substituir suas respostas às interrogações de Homero e de Ésquilo, o *ethos* trágico se transformará em estoicismo. A moral silenciará a queixa do herói: já não será decente chorar.

Não é somente a fé que destitui a magia para instalar a ética no coração da existência, a poesia também irá roubar-lhe os poderes: o gesto dos guerreiros suplanta o dos heróis míticos. A história da ação de Deus, na Bíblia, não sofre quaisquer outras maravilhas junto dela. Pela primeira vez, o mito perde suas propriedades mágicas, sua virtude social e seu valor de explicação. Cessa de assumir as funções que a magia lhe atribui e não tem ainda o significado que lhe emprestará a filosofia — Platão, em particular.

O retorno ao mito, em Platão, é tanto um jogo livre de imaginação criativa, quanto uma abdicação da razão diante do paradoxo que ela suscita. A verdade zomba da verdade, e ali a paixão pelo conhecimento toma fôlego ao invocar o antigo animismo como meio de explicação. Quando ele transfigura o mito em imagem da existência em que a ironia triunfa sobre o espírito do fardo que zela pelas verdades adquiridas, Platão certamente admite a impotência da razão — mas não é para socorrê-la? Aonde a razão não mais vai, o mito alcança. A filosofia não desdenha de nenhuma aliança que a ajude a estender sua dominação do homem e do universo. Ocasionalmente, os Demônios e as Ideias não fazem mau conjunto. Platão, de forma alguma, preocupa-se com a incompatibilidade do animismo, fundado sobre a ação da simpatia e do encanto, com os princípios e métodos de sua filosofia. Isso porque, na verdade, o raciocínio e as operações silogísticas, os encantamentos e as fórmulas de exorcismo tendem ao mesmo objetivo, por caminhos distintos. Platão, portanto, não teme apoiar suas construções racionais em uma fundação mítica e confiscar, em benefício da razão, o sentimento do sagrado que se une a certas representações coletivas. Em sua qualidade de intérprete do mundo invisível e mediador entre o sensível e o inteligível, o mito lisonjeia uma esperança de confiscar a alma e o Cosmos que tenta, em Platão, tanto o filósofo como o mago.

Todavia, é justamente essa vontade de confisco que a Bíblia e a *Ilíada* condenam. A profecia exclui a clarividência e não se obtém por meios mágicos. Não há outro ascetismo, senão a retidão do espírito, para entrar em contato com o sobrenatural. Esse sobrenatural, é verdade, está ausente da *Ilíada*. Além disso, os deuses não teriam escondido Deus de Homero ou de Ésquilo se o *Destino* não ocupasse seu lugar. Foi o *Amor fati*, e não o politeísmo, que interditou a fé. Entretanto, Homero não é menos severo do que a Bíblia com o orgulho humano e a vontade de onipotência. Ele apenas engrandece o sobre-humano no paroxismo da ação guerreira para entregar o herói a represálias implacáveis. A invulnerabilidade efêmera que os deuses concedem a seus protegidos torna mais evidente a precariedade da força em sua breve garantia.

No entanto, a crença no *Destino* e a religião do Deus único não acarretam, nem um, nem outro, essa depreciação da realidade sensível, na qual toda filosofia nos engaja sob o pretexto do respeito pelo seu valor. Uma infinita ternura pelas coisas perecíveis atormenta o coração dos homens arrancados de seus verdadeiros bens. Mas esse *arrancamento*, seja ele o efeito do castigo de Deus ou dos decretos do *Destino*, nada tem em comum com o *desligamento*, a cisão da alma e do corpo desejada pelo filósofo. O amor dos profetas pela nação dilacerada, de Prometeu pelo gênero humano ameaçado, não abandona seu objeto para alcançar o eterno. O Deus «acima», «que os céus dos céus não podem conter», mora com o homem na terra. A humildade diante do real, diante da existência não domesticável, é o que nos ensinam as lamentações e implorações dos Trágicos, as exortações e lamentações dos Profetas. Convém, então, distinguir o pensamento ético da Bíblia e da *Ilíada* do pensamento mágico que o precede e do pensamento dialético que o sucede. Mas talvez não se deveria excluir alguma afinidade entre a meditação de um Homero, de um Isaías, e a metafísica de Platão. O voto de imortalidade de Sócrates não foi cumprido de antemão nas pausas contemplativas da *Ilíada*? E esse Deus que não cintila ainda na Sarça ardente, mas passa pela «brisa mais furtiva», não atiça com seu sopro «a maravilhosa esperança» platônica?

Tal como ela se manifesta no universo homérico, dividida em uma pluralidade de energias antagônicas que se reprimem e se multiplicam nas imagens de duelos entre guerreiros e brigas entre deuses — a força aparece homogênea em seu princípio, idêntica ao devir que ela determina, sem origem e sem fim. Ela é o que é — primeiramente, indefinidamente, absolutamente. No universo bíblico, ao contrário, a representação da força implica uma heterogeneidade fundamental, senão original: por um lado, o infinito da força que é o próprio Deus. Opondo a energia corruptível à energia criadora, a Bíblia mantém uma dualidade superada apenas pela ideia de ressurreição. É, portanto, inicialmente, a concepção da força que determina a crença dos gregos na imortalidade extemporânea, e a crença de Israel na ressurreição. Aqui o devir é a imagem de uma redenção que caminha para um fim movente, aí se dá como uma sucessão emaranhada de crescimentos, de evoluções e de mortes por meio dos quais se afirma a permanência do ser. Aqui, Deus é o mestre do devir; este é o devir, ou, caso se prefira, o *Destino*, que é o mestre dos deuses.

A ideia de ressurreição acentua enfaticamente o interesse da temporalidade: o traço fundamental da religião bíblica é que ela não é uma fé na imortalidade, mas uma vontade de destruir a morte no tempo. Não somente a nação ressuscita em Deus, Deus também ressuscita no coração da nação. A própria ética é, antes de mais nada, apenas um *instante de ressurreição*, uma insurreição da força finita contra sua própria decadência e sua corruptibilidade. Por outro lado, a concepção monista da força, a ideia da culpabilidade difusa de eterno devir, a imagem do *Destino* obstruindo o céu da imanência, deviam orientar o pensamento grego na via do desprendimento estético, da eternidade extemporânea e da redenção pela beleza. Muito antes de se apoderar de Platão, a paixão do indestrutível irrompe em Homero. Com ele, começa essa busca pela perfeição em que se deve ver a ascese e a santidade próprias ao gênio grego. Como os profetas de Israel, Homero se vira para o porvir: não se situa aí a paz messiânica, alimentada por sangue e por horror, mas a tranquila êxtase do canto futuro que, ao mesmo tempo, consola e desespera os homens por sua beleza e testemunha o sofrimento perdido ao dizê-la de acordo com sua verdade.

Enquanto a fé na ressurreição afirma o princípio da comunhão, associando a Deus todos os membros do povo eleito, depois todas as nações e, finalmente, o gênero humano, para então construir a salvação, a crença na imortalidade consagra o princípio da unicidade, exalta o acontecimento incomparável — seja Heitor, Aquiles ou Helena — que emerge do devir por um instante e para sempre. Imortalizar é ato do homem e a mais elevada razão de sua atividade. Ressuscitar, no sentido transitivo do verbo, é o ato do Deus criador, do Deus de Ezequiel, que tira seu povo do sepulcro e sopra as ossadas dos mortos para que revivam.

Como a concepção da força a que pertence, a exigência da justiça não jorra da mesma fonte no Profeta e no Sábio. Um espera a justiça apenas de seu Deus, o outro a espera apenas do melhor de si mesmo, como o mais elevado dom que o homem pode dar ao homem. Os Profetas jamais teriam admitido que ela pudesse se sustentar com suas próprias forças. É necessário que Deus ajude seu povo a forjá-la na disputa da história, tirá-la do caos da iniquidade. E quando esse povo se torna indigno de sua eleição, o castigo que o espera atinge indistintamente o justo e o injusto — pois não são, estritamente falando, inocentes em uma nação culpada. Os julgamentos de Deus se inscrevem e se decifram melhor na história de um povo que na dos indivíduos. Jó fenecerá bradando sua queixa teimosa, mas a nação pode esperar uma ressurreição que não parou de lhe ser prometida: «Aguentarei a ira do Senhor, porque errei contra Ele, até que Ele torne justa a minha sentença». Ela tem, para conquistar a justiça, essa longa duração concedida à sucessão das gerações, esse encadeamento de desastres e prodígios que constituem a própria vida. Além disso, quanto maior o infortúnio que recai sobre o seu povo, mais os profetas encontram força para rechaçar, à fatalidade, o tributo de adoração que os gregos lhes concedem.

Para os gregos, ao contrário, a história, lugar das tragédias da força, dos dramas da paixão coletiva, não conhece nem clama pela justiça divina. De resto, os verdadeiros culpados, se é que existem, são os deuses que a sancionam, pois, em última instância, ela é constituída por suas decisões. Mas, para fundar e erigir, para ousar e arriscar, tudo está nas mãos dos homens. Além disso, o que o grego pede piedosamente a seus deuses não é o amor, mas a benevolência — a consagração do esforço que resulta no equilíbrio por meio dos sofrimentos do excesso e das negações do extremo. A lei — essa ponte frágil, mas duradoura, que atravessa as convulsões da história, varrida, mas não afogada, pela torrente de paixões — é uma obra inteiramente humana. Se ela desmorona, o grande legislador se faz pronto para retomá-la e aperfeiçoá-la. Ele trabalha para consolidar os alicerces da cidade justa. Tão distante da rigidez de Creonte como da intransigência de Antígona, ele lida com a vida cujas maleabilidade e firmeza ele conhece. Tenta vergá-la sob a ordem da justiça e vergar a justiça sob a ordem da necessidade. Concessão, claro, mas uma concessão audaciosa entre dois absolutos conflitantes.

Talvez seja o grande legislador, e não o filósofo, que se deve considerar como herdeiro legítimo da sabedoria de Homero e sucessor de Heitor. Sólon, ao mesmo tempo homem de Estado e homem de negócios, soldado, viajante, legislador e poeta, realiza e amplia em si essa união íntima da exigência estética e da impulsão ética que está na origem da necessidade de justiça nos gregos. Ele representa, sem *pathos*, o homem da mais vasta experiência, o seu lugar na guerra e na paz, tendo simultaneamente a paixão do combate e a paixão do equilíbrio.

Os deuses concedem a felicidade, a riqueza, a glória; só o homem tem o poder de uni-los à justiça. Se lhe faltar, a «calamidade fatal» irá fazê-lo sucumbir, cedo ou tarde: «Surge de um pequeno começo, diz Sólon, como o fogo, insignificante no início, mas dolorosa no fim; de fato, as ações da violência não perduram entre os mortais, mas Zeus observa a realização de tudo e, assim como o vento da primavera, que, de súbito, dispersa prontamente as nuvens, o qual, agitando as profundezas do mar estéril e aniquilando os bons trabalhos humanos na terra florescente das colheitas, chega à elevada morada celeste dos deuses e torna-a serena aos olhos enquanto a bela força do sol brilha sobre a terra fértil, e não mais é possível ver nenhuma nuvem, assim também é o castigo de Zeus».[11] Mas, se a vingança pertence a Zeus, a edificação de leis justas é tarefa dos mortais. A preocupação com a justiça permanece o orgulho secreto do homem diante da anarquia dos deuses, da desordem cósmica, da instabilidade das sociedades humanas. Assim, o gosto por leis bem feitas se concilia, entre os gregos, com a paixão da independência e do particularismo. E, embora pareça em contradição com

---

[11] Parte dos fragmentos de Sólon citados foi traduzida por Carlos Augusto Menezes Maia, em sua dissertação *O individual e o coletivo da poesia de Sólon*, e adaptada, aqui, a partir dos movimentos da autora. As traduções do grego que não existem em português, ou que não puderam ser recuperadas, foram feitas a partir das versões francesas que aparecem em *Da Ilíada*. [N. T.]

a universalidade do «*jus*», ele não estimula menos o fervor da vontade de justiça.

Tão estranhos, tão opostos um ao outro que podem nos parecer o *pathos* do profeta judeu e o *ethos* do legislador grego, a própria exigência que lhes é comum nos revela que suas concepções se tocam pelas raízes. Para ambos, a justiça, tal como o homem a recebe de Deus, ou a cultiva segundo seu próprio gênio, é fruto da terra fecundada: ela apenas saberia brotar no solo natal. Mais tarde, enxertada em outros troncos, florescerá sob novos climas. Mas, ao se universalizar, ela não se tornará jamais uma construção da razão abstrata, aplicável uniformemente em todos os lugares e em todos os tempos. Transplantada, ela deverá percorrer novamente os estágios de crescimento e maturação. Quando Oseias incita os homens a preparar o novo campo da santidade, esse chamado deve se estender tanto ao literal quanto ao figurado. Para semear segundo a justiça e colher segundo a misericórdia, é preciso, antes, semear e colher simplesmente, «E cada um descansará debaixo da sua vinha; e cada um debaixo da sua figueira». Deus é o verdadeiro proprietário do solo natal do qual o povo apenas usufrui.

Não mais do que o legislador grego que, «juntando a força e a justiça... fez livres aqueles que tremiam diante de seus senhores», o profeta judeu que ordena: «Desfaz os nós de contratos feitos à força! Manda embora, em liberdade, os oprimidos! E rasga toda a nota injusta!» (*Isaías*, 59:8)[12] não é um agitador (como nos quer fazer acreditar Renan). Escutemo-lo: é a grande queixa enérgica do homem do campo que se levanta contra a servidão, não as recriminações fervorosas do desenraizado, que ele martela infatigavelmente. Sua doutrina social se aproxima singularmente dos ensinamentos de Sólon. Quando quiser louvar sua obra, essa constituição em que a mais deslumbrante bravura e a mais sábia medida se equilibram em grandeza, Sólon chamará a própria Terra a testemunhar: «Poderia testemunhar isso no banco do Tempo, a magnífica mãe das divindades olímpicas, a melhor, a negra Terra, da qual eu outrora arranquei os limites, fincados por toda parte; se antes era escrava, agora é livre... leis tanto para o homem comum quanto para o nobre, adaptando uma sentença justa para cada um, eu redigi». Nesse culto da retidão, legisladores judeus e atenienses se reúnem.

---

[12] A autora indica a referência do versículo como sendo 59:8; contudo, o fragmento se encontra em 58:6. [N. T.]

Assim, tanto para Atenas como para Jerusalém, não há antagonismo irredutível entre a justiça humana, fundada em retidão e em verdade, sobre a fé ou sobre a razão, e a justiça da vida, relativa apenas às necessidades físicas e psicológicas que determinam as condições em que um indivíduo ou um grupo pode brotar e prosperar. Quando enfrenta adversários por todos os lados, o justo, em Atenas ou em Sião, não conhece divisão interior. Aquilo que favorece e fecunda a vida não pode ferir Deus; aquilo que favorece e fecunda a fé não pode ferir a vida. «A justiça, somente a justiça seguirás; para que vivas, e possuas em herança a terra que te dará o Eterno, teu Deus.» (*Deut.*,16:22) A justiça e a vida chamam-se uma à outra através das destruições e confundem-se na atividade criadora. Se a justiça se cumpre segundo as prescrições divinas, «o Senhor, o seu Deus, os abençoará em toda a sua colheita e em todo o trabalho de suas mãos, e a sua alegria será completa». Mesmo quando a nação culpada se abate sobre seus campos esfolados, quando «Deus trará a sua grande e forte espada» e a atingirá, ela não perde a fé em sua terra, capaz de «devolver o dia às sombras».

Mas o que há de mais grego, de mais essencialmente ateniense, do que essa solidariedade da justiça e do júbilo sobre uma terra libertada por homens não escravizados? Justiça transcendente e justiça imanente à vida, se nem sempre coincidem — e é tarefa do legislador reduzir ao mínimo o intervalo que as separa —, acabam por se juntar: no limite, não é possível descartar uma sem destruir a outra: «O desprezo à lei, diz Sólon, causa males inumeráveis à pólis. Quando a lei reina... ela abranda a violência, faz cessar o bruto, enfraquece o orgulho e seca as flores nascidas da desgraça». Esse eudemonismo grego está menos distante do que parece do eudemonismo bíblico. Ambos exaltam um amor à pátria em que se confundem o sentido do verdadeiro e o gosto do justo.

O cristianismo operou uma síntese prodigiosa entre a religião messiânica e os filósofos místicos da Grécia no momento em que a lacuna entre o judaísmo e o helenismo era mais considerável. Mas é necessário recuar mais, até os grandes líricos da Judeia, até os Trágicos, e a Homero, para descobrir o fundamento comum do pensamento grego e do pensamento judaico. Há mais afinidades reais entre o pessimismo robusto de um Hesíodo e a amargura estimulante de um Oseias, entre a revolta de

Teógnis e as apóstrofes de Habacuc, entre as lamentações de Jó e os trenos de Ésquilo, do que entre Aristóteles e o Evangelho. Uma síntese entre esses elementos puros não teria sido possível nem desejável, aliás. Mas existe, terá existido, uma certa maneira de dizer o verdadeiro, de proclamar o justo, de buscar a Deus, de honrar o homem, que nos foi primeiro ensinada e não cessa de nos ensinar outra vez, pela Bíblia e por Homero.

NOTA BIBLIOGRÁFICA

Monique Jutrin

Natural de uma família judia ucraniana, Rachel Pasmanik nasceu em Nova Zagora, Bulgária, em 14 de maio de 1895, filha de pai médico e de mãe Doutora em Filosofia. A família se estabeleceu em Genebra, em 1897. Aluna brilhante de Ernest Bloch, renunciou a uma carreira musical ao se casar com Shraga Nissim Bespaloff em Paris, em 1922. Em 1930, o casal e sua filha, Noémi, nascida em 1927, instalam-se em Saint-Raphaël. Rachel Bespaloff visitará Paris regularmente até 1939.

Seu encontro com Lev Shestov em 1925 marca uma virada decisiva em sua vida. Ele a introduz em seu círculo de amigos, que reúne algumas das grandes figuras do pensamento «existencialista»: Daniel Helévy, Gabriel Marcel, Benjamin Fondane e Jean Wahl, com quem manterá uma rica correspondência. Ela publica um primeiro artigo em *La Revue philosophique*, «Lettre sur Heidegger à Daniel Halévy» [Carta sobre Heidegger a Daniel Halévy] (1932). Em seguida, reúne seus artigos em sua primeira obra, publicada pela Vrin em 1938, sob o título de *Cheminements et Carrefours* [Caminhos e Encruzilhadas], com cinco ensaios, sobre Kierkegaard, Chestov, Marcel, Malraux e Green. Sua abordagem consiste em adivinhar os seres por trás das obras, trata-se de uma leitura existencial centrada sobre aquilo que ela chama de «uma experiência ética». Para Rachel Bespaloff, a leitura implica necessariamente o leitor e o «engaja» profundamente.

Embora lhe tenha sido muito doloroso se afastar da França, ela embarca em julho de 1942 com sua família para Nova York, onde frequenta o meio dos intelectuais europeus exilados. De início ela trabalha no rádio, para a seção francesa «A Voz da América», depois ensina literatura francesa no Mount Holyoke College. É lá que termina seu segundo livro, *Da Ilíada*, que havia iniciado em 1939. Ela parece ter mergulhado na obra de Homero enquanto sua filha a estudava na escola. Em 1939 escreve a Daniel Halévy uma carta entusiástica: «os deuses como agentes provocadores!». A redação vai até abril de 1942. Ela envia a Gabriel Marcelo suas notas, «concluídas sabe Deus como durante este inverno para escapar da insônia, das ideias obsessivas». Ela explica: «Agarrei-me a Homero. Era a coisa verdadeira, o tom, a própria ênfase da verdade. Considero ainda a Bíblia e a *Ilíada* como livros verdadeiramente *inspirados* — para se ler ao pé da letra. Era também uma purificação e, na escuridão, uma luz que não piscava».[13] Pouco antes, Simone Weil havia publicado nos *Cahiers du Sud* um texto intitulado «A *Ilíada* ou o poema da força».

Seu período nos Estados Unidos foi vivido como um exílio, pois sua pátria intelectual continuava sendo a França. O destino do povo judeu não cessou de assombrá-la; ela se alegra com a criação do Estado de Israel, vendo-o como «a única resposta possível ao genocídio». Entre os muitos ensaios escritos naquela época sobre Camus, sobre Sartre, sobre Péguy, sobre Montaigne, mencionemos também *De la double appartenance* [Da dupla filiação], uma reflexão sobre a identidade judaica e o destino das comunidades judaicas no mundo.

Entretanto, um mal da vida, uma sensação de fratura na existência jamais a abandonou. Ela põe fim a seus dias em 6 de abril de 1949, em pleno período criativo e empreendendo um vasto estudo

---

13 *Da Ilíada* foi publicado em Nova York em 1943 pela Brentano's, com um prefácio de Jean Wahl, e depois traduzido para o inglês por Mary McCarthy e publicado em 1947 pela Panthéon Books, com prefácio de Hermann Broch. O texto será reeditado no número 10-11 da revista *Conférence* (primavera-outono de 2000).

sobre «A liberdade e o instante». Em 1954 é publicado o romance autobiográfico de sua filha, Noémi Levinson, *Les Chevaux de bois d'Amérique* [Os cavalos de madeira da América], também prefaciado por Jean Wahl.

Dados Internacionais de Catalogação na Publicação (CIP)
(Câmara Brasileira do Livro, SP, Brasil)
Bespaloff, Rachel
Da Ilíada / Rachel Bespaloff ; tradução de Giovani
T. Kurz. — Belo Horizonte, MG : Editora Âyiné, 2022.
Título original: De l'Iliade.
ISBN 978-65-5998-038-3
1. Aquiles (Personagem mitológico na literatura)
2. Homero. Ilíada 3. Poesia épica
4. Poesia grega - História e crítica I. Título.
22-105735   CDD-880.9
Índices para catálogo sistemático:
1. Literatura grega : História e crítica 880.9
Eliete Marques da Silva - Bibliotecária - CRB-8/9380

PRE-TEXTOS

1 Massimo Cacciari *Duplo retrato*
2 Massimo Cacciari *Três ícones*
3 Giorgio Agamben *A Igreja e o Reino*
4 Arnold I. Davidson, Emmanuel Lévinas, Robert Musil
  Reflexões sobre o nacional-socialismo
5 Massimo Cacciari *O poder que freia*
6 Arnold I. Davidson *O surgimento da sexualidade*
7 Massimo Cacciari *Labirinto filosófico*
8 Giorgio Agamben *Studiolo*
9 Vinícius Nicastro Honesko *Ensaios sobre o sensível*
10 Laura Erber *O artista improdutivo*
11 Giorgio Agamben *Quando a casa queima*
12 Pico della Mirandola *Discurso sobre a dignidade do homem*
13 João Pereira Coutinho *Edmund Burke – A virtude da consistência*
14 Donatella Di Cesare *Marranos – O outro do outro*
15 Massimo Cacciari *Gerar Deus*
16 Marc Fumaroli *O Estado cultural*
17 Giorgio Agamben
   A loucura de Hölderlin – Crônica de uma vida habitante (1806-1843)
18 Rachel Bespaloff *Da Ilíada*

Composto em Noe Text
Impresso pela gráfica Rede
Belo Horizonte, 2022